LET'S SING JAZZ STANDARDS IN ENGLISH

12の名曲で英語らしい発音をマスター
英語で歌おう！
スタンダード・ジャズ

里井久輝 著

PREFACE　はじめに

　皆さん、こんにちは。本書では、12のジャズのスタンダード曲を楽しみながら、英語の発音をマスターしていきます。お手本となる歌をCDで聞きながら、英語発音——主としてアメリカ英語の発音——のエッセンスを身につけましょう。

　楽しく分かりやすい教材を目指して、誰もが耳にしたことのあるスタンダード・ナンバー12曲を選びました。各曲には必ずマスターしていただきたい発音のポイントがあります。それらを、ゆっくりでいいですから、着実に身につけるようにしましょう。また、歌詞には役立つ表現も数多く含まれていますし、何より、歌は発音上達への近道ですので、何度も声に出して歌うことで、発音と表現を丸ごとマスターしてしまいましょう。

　CDに収録されている歌は、ジャズボーカリストの青木カレンさんが、また、CDの英語ナレーションは、シェリー・スウェニーさんが担当されています。おふたりの発音をお手本に、皆さんもぜひ、楽しみながら英語らしい発音を学んでください。

　今まで発音が不得意だった、と嘆く必要は全くありません。日本語と英語とでは、音の体系がもともと非常に異なっていますので、日本人の英語学習者が、英語の発音を習得する際に、難しく感じたり、つまずいたりするのはむしろ当然のことと言えます。興味を持ち始めたその日から、楽しく取り組んで、少しずつ英語の音に慣れていきましょう。本書によって、英語の発音に興味を持つ方や、英語好きの方がひとりでも増えればと願っています。

　最後に、本書を提案し、すばらしいCDを作ってくださった筒井卓史さん、本書のもとになるとても素敵で楽しい番組をご制作くださった松尾康二さん、下郡尚之さん、竹村昌彦さん、いろいろとご助言をいただいた久保田陽子さん、そして株式会社アルク英語出版編集部の皆さんに、心からのお礼を申し上げます。

里井久輝

著者
Hisaki SATOI

里井久輝◎大阪市生まれ。大阪教育大学教育学部教養学科卒業。英国リーズ大学大学院修士課程修了。大阪大学大学院言語文化研究科博士後期課程修了、博士（言語文化学）。現在、龍谷大学准教授。専門は音声学、言語学、英語教育。学生時代にシェイクスピア劇に接し、英語の音楽的な響きに感銘を受け、音声学を志す。趣味は読書と音楽鑑賞。子どものころから、特にクラシック音楽、ジャズ、ポップスに親しんできた。

歌
Karen AOKI

青木カレン◎ジャズ・シンガー。幼少期を海外で過ごし、大学時代にアーティスト活動を開始。ジャズ専門テレビ番組のメインキャスト、ラジオ番組のナビゲーターなども務める。ジャズ専門誌ADLIBの2008年「アドリブアワード（クラブ／ダンス部門）」を受賞。

英語ナレーション
Shelley SWEENEY

シェリー・スウェニー◎ナレーター、俳優、モデル。カナダ出身。ロンドンの演劇学校Italia Conti Academy of Theatre Artsで学ぶ。海外で活躍した後、日本の映画、テレビドラマ、CMなどに多数出演。声優としての経験も豊富。

本書は、NHKテレビテキスト「3か月トピック英会話　歌って発音マスター！　～魅惑のスタンダード・ジャズ編～」(NHK出版)の内容を再構成したものです。番組は2011年10月〜12月にNHK Eテレで放送されました（再放送は2013年1月〜3月）。

CONTENTS 目次

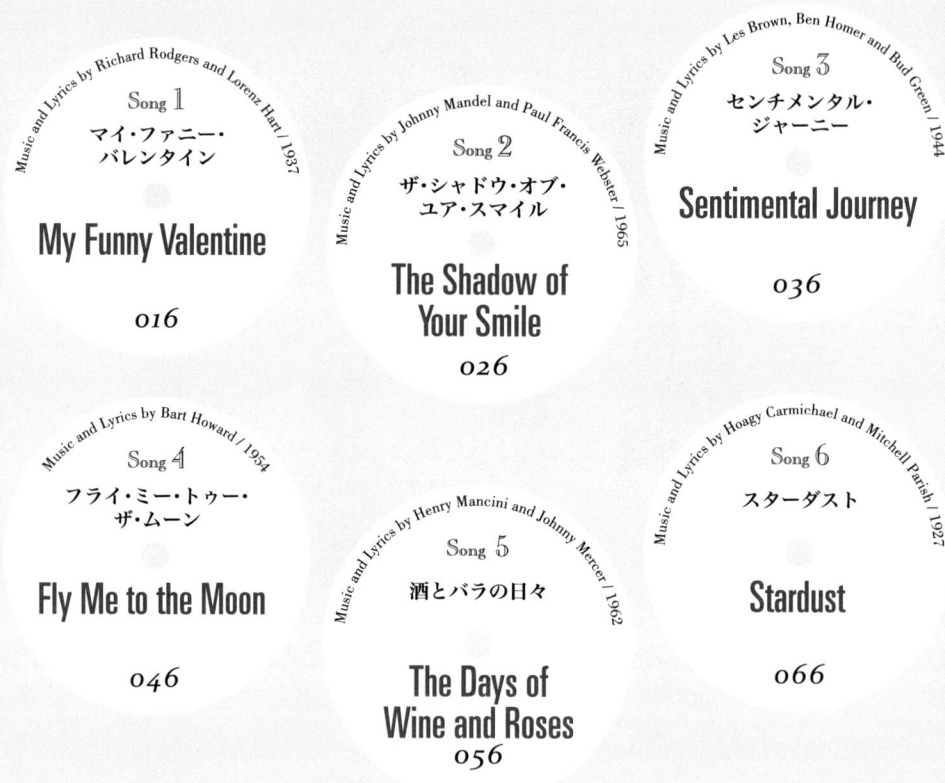

Music and Lyrics by Richard Rodgers and Lorenz Hart / 1937
Song 1
マイ・ファニー・バレンタイン
My Funny Valentine
016

Music and Lyrics by Johnny Mandel and Paul Francis Webster / 1965
Song 2
ザ・シャドウ・オブ・ユア・スマイル
The Shadow of Your Smile
026

Music and Lyrics by Les Brown, Ben Homer and Bud Green / 1944
Song 3
センチメンタル・ジャーニー
Sentimental Journey
036

Music and Lyrics by Bart Howard / 1954
Song 4
フライ・ミー・トゥー・ザ・ムーン
Fly Me to the Moon
046

Music and Lyrics by Henry Mancini and Johnny Mercer / 1962
Song 5
酒とバラの日々
The Days of Wine and Roses
056

Music and Lyrics by Hoagy Carmichael and Mitchell Parish / 1927
Song 6
スターダスト
Stardust
066

はじめに	002		私的 名盤・名演 あれこれ	138
本書とCDの使い方	006		レッスン記録表	142
発音記号について	008			
イントロダクション	010			

004

[CD使用上の注意]
- 弊社制作の音声CDは、CDプレーヤーでの再生を保証する規格品です。
- パソコンでご使用になる場合、CD-ROMドライブとの相性により、ディスクを再生できない場合がございます。ご了承ください。
- パソコンでタイトル・トラック情報を表示させたい場合は、iTunesをご利用ください。iTunesでは、弊社がCDのタイトル・トラック情報を登録しているGracenote社のCDDB（データベース）からインターネットを介してトラック情報を取得することができます。
- CDとして正常に音声が再生できるディスクからパソコンやmp3プレーヤーなどへの取り込み時にトラブルが生じた際は、まず、そのアプリケーション（ソフト）、プレーヤーの製造元へご相談ください。

HOW TO USE　本書とCDの使い方

本書では、12のスタンダード・ジャズの楽曲を課題曲として取り上げます。CDを併用して、各曲を楽しく歌いながら、英語らしい発音やリズムを身につけていきましょう。

歌詞と訳

まずはCDで課題曲を聞き、歌詞とその訳を読んで内容を確認しましょう。

CDには、歌に続いて、歌詞の朗読も収録されています。朗読のトラックには、1行ごとにポーズ（音声の空白時間）が入っていますので、そこで自分でも声に出して読んでみましょう。

学習を一通り終えたら、再びこのページに戻り、CDのカラオケ・トラックを使って歌う練習をしましょう。

※歌詞の訳は著者によるものです。
※練習には巻末の「レッスン記録表」も活用してください。

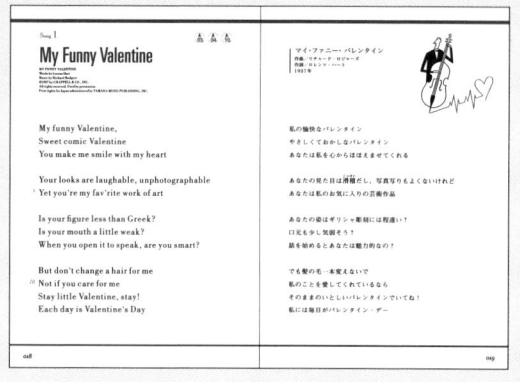

Words & Phrases

歌詞に出てくる表現について、意味や補足説明、用例などをまとめています。

Singing Tips
上手に歌うために！

課題曲を上手に歌うためのコツを紹介するコーナーです。歌詞に登場するフレーズを取り上げ、音のつながりや変化、リズムなど、注意すべき点を解説しています。

Key Pointsでは、歌いこなすのにコツが必要な箇所をいくつかピックアップしています。アドバイスを参考に、声に出して練習しましょう。

※Key Pointsの音声はありません。音声の確認には、歌や歌詞朗読のトラックを利用してください。

 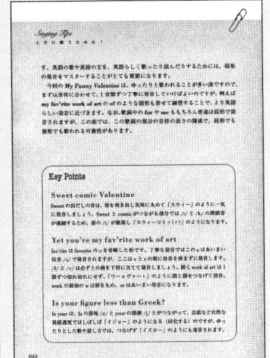

Pronunciation Focus
この音をマスター！

毎回、いくつかの母音と子音を取り上げて、発音の仕方や注意点を解説しています。その母音や子音が含まれる単語や文なども紹介していますので、CDを使って何度も発音練習をしてください。

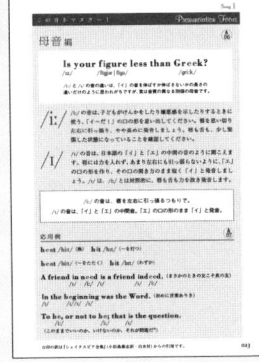 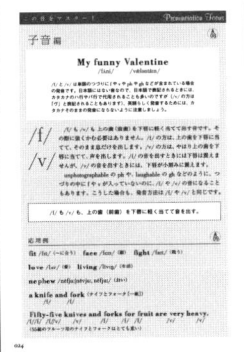

CDについて

本書にはCDが2枚付いています。本文中に登場するこのマークは、「CD-Aのトラック1を聞いてください」という意味です。

単語やフレーズ、文などが読まれた後には、練習用のポーズ（空白の時間）が設けられています。お手本をまねて、声に出して言う練習をしましょう。

PHONETIC SYMBOLS 発音記号について

本書では、英語の発音を説明するにあたり IPA (International Phonetic Alphabet：国際音声記号) という発音記号を多用しています。発音記号を頭に入れておけば、英単語の発音が一目で分かり、とても便利です。ここで整理しておきましょう。

発音記号の見方

> 例
>
> **figure** /fígjər | fígə/

◎ 本書で / /内に示している発音記号は、一般の英和辞典に採用されているものとほぼ同じですが、音の質の違いを表すため、一部異なるものもあります。

◎ 上記の例のように、/ /の中が縦棒 | で区切られている場合は、| の前が米国発音、後ろが英国発音となります。

◎ / ́/は第1アクセント、/ `/は第2アクセントを表します。
※なお、本書では採用していませんが、IPAでは/ˈ/で第1アクセントを、/ˌ/で第2アクセントを表します。その場合アクセント記号は、/ˈfɪɡjər|ˈfɪɡə/のように、アクセントのある音節の直前に置きます。

◎ / : /は音を伸ばすことを表す「長音記号」です。

母音の発音記号

母音とは、外に出ようとする息が、口の中などで「何かに遮られることなく」出るときの音のことです。下の図には、英語の主な母音が入っています。それぞれの位置は、その音が発音される際の舌の相対的な位置 (舌の最高点) を示しています。

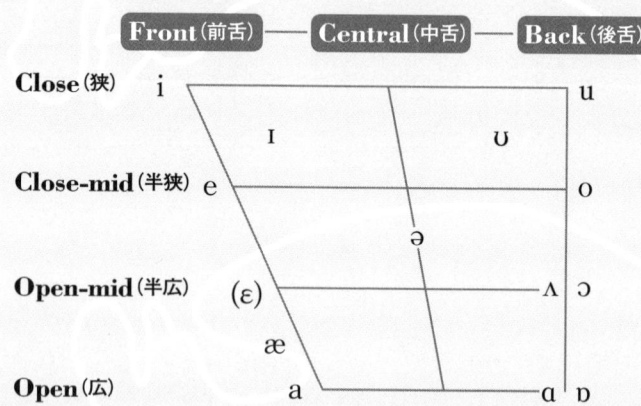

● 記号がペアで2つ並んでいるものについては、左が非円唇、右が円唇となります。円唇とは、「唇を丸める発音方法」を指します。

子音の発音記号

子音とは、外に出ようとする息が、口の中などで「何らかの形で遮られて」できる音のことです。下の表には、英語の主な子音が入っています。横の列は「発音する場所」、つまり「(口やのどなどで)息が遮られる場所」を示し、縦の列は「発音の方法」、すなわち「息が遮られる方法や状況」を示します。

前(唇) ←――― 口の中 ―――→ 後(奥)

	両唇音	唇歯音	歯音	歯茎音	後部歯茎音	硬口蓋音	軟口蓋音	声門音
破裂音(閉鎖音)	p b			t d			k g	
鼻音	m			n			ŋ	
ふるえ音				r				
はじき音				(ɾ)				
摩擦音		f v	θ ð	s z	ʃ ʒ			h
接近音				(ɹ)		j		
側面接近音				l				

- 同じ欄内でペアになっている発音記号は、左側が無声子音、右側が有声子音です。
- 灰色の箇所は、調音が不可能であることを示します。
- 歯茎はじき音の[ɾ]は、本書では「ラ行・ダ行に聞こえるはじき音」(p.41参照)に対応します。また、歯茎接近音である英語のrの音はIPAでは通常[ɹ]と表記されますが、本書では一般によく使われる/r/を使用しています。
- 上記子音表にない子音発音記号に、「破擦音」の/tʃ/、/dʒ/、/ts/、/dz/と、「半母音」の/w/があります。

※母音および子音については、p.12〜13も参照してください。

INTRODUCTION
英語らしい発音に近づくために

実際に楽曲を使って学習する前に、まずは「英語らしい発音」について、ごく基本的なポイントを押さえておきましょう。

英語とジャズと発音と

発音は、日本人の英語学習者の多くが直面する高い壁です。いや、発音など、カタカナ発音の日本人英語でも通じればいいのだ、という考え方ももちろんあるでしょう。確かに、英語は今や世界の共通語ですから、まずは通じることを重視するのは間違っていませんし、話す英語に日本語なまりが入っても、コミュニケーションがとれるなら全く問題ありません。

しかし、当然のことながら、発音は、英語本来の音に近ければ近いほど、判明度・明瞭度は確実に上がり、ネイティブスピーカーとのコミュニケーションも容易になるという利点があります。海外旅行でアメリカやイギリスなどの英語圏を訪れたときにも、自分の英語を聞き取ってもらいやすく、通じやすくなります。

英語の発音モデルには、大きく分けて米国発音と英国発音とがあります。同じ英語でありながら、発音の仕方（調音と言います）が微妙に異なり、それぞれに発音の特徴があります。どちらでも自分の気に入った発音でよいのですが、ジャズの楽曲を学習素材としている本書では、ジャズと言えばアメリカ、そしてジャズ歌手の発音は圧倒的に米国発音が多いという事情か

ら、米国発音を中心に学びます。もちろん必要に応じて、英国発音にも触れていきます。

　本書はジャズを英語らしく歌いこなすことを大きな目標としていますが、ジャズだから特別な英語の発音があるというわけではありません。まずは、きちんと丁寧な発音を心がけて、その曲の発音ポイントに注意しながら歌いましょう。そして、そこで身につけた発音のコツは、ほかの楽曲にも生かすようにしてください。なお、母語話者ではない私たちが発音を学ぶときの強い味方は、発音記号です。もし発音の仕方が分からない語が出てきたら、ぜひ発音記号を確かめましょう。発音記号についてはp.8〜9にまとめていますので、そちらも参考にしながら、学習を進めてください。

　その気になれば、誰でもちょっとしたコツと練習次第で、見違えるほど英語の発音がよくなります。スタンダード・ジャズは発音を学ぶのにもとてもよい教材ですので、楽しみながら少しずつ英語の音の体系をマスターし、英語らしい発音を身につけていきましょう。

INTRODUCTION
英語らしい発音に近づくために

母音と子音

発音の説明で必ず使われる言葉に、「母音」と「子音」があります。本書でも、p.8〜9で、発音記号を母音と子音に分けて紹介しており、また今後の学習ページにも、それぞれの音について、母音と子音の特徴を解説するコーナーがあります。この母音と子音の違いを厳密に説明するのは、実はなかなか難しいのですが、ごく単純に次のようにまとめられることがあります。

母音とは、「アイウエオ」の音で、それ以外の音を子音と呼ぶ

これを英語の場合にも当てはめて、「アイウエオ」の仲間の音のことを母音、それ以外の音を子音ととらえている方もいらっしゃるでしょう。実用上はおおむねそのような理解で差し支えありません。しかし、より正確には、「母音」と「子音」はどのように区別されるのでしょうか。

人の声は、肺から出た空気がのどを通って、声帯を振動させるときに作られます。この声帯が振動するときの音を「有声音」と呼び、声帯の振動を伴わない音を「無声音」と呼びます。
これらの音はそのままでは言語音にならず、口の中や鼻を通る過程で、舌や歯、唇などによって加工されることで多様な音

声が作られます。そのような「音の作られ方」によって「母音」と「子音」を区別すると、以下のようになります。

> 母音とは、口の内側や舌、歯、唇などの
> どこにも遮られないで出る有声音

> 子音とは、口の中のどこかで止められたり
> 摩擦を起こしたりして、何らかの形で遮られて出る音。
> 有声音も無声音もある

　なお、「有声音」と「無声音」について、ザ行とサ行、ダ行とタ行のような日本語の表記から連想し、「有声音は濁る音」「無声音は濁らない音」と理解されることがあります。感覚的にはあながち間違いではないのですが、正確には、前述のように声帯の振動があるかないかで定義します。のどに手を当てて声帯のところが震える場合が有声音、震えない場合が無声音です。ただし、ひそひそとささやく音は無声音になります。つまり、一般に母音は有声音ですが、「ささやき」によって母音を無声化することができるのです。

INTRODUCTION
英語らしい発音に近づくために

息を入れること、
母音を入れないこと

「**英**語らしい発音」の大切なポイントに、「息を入れること」と「母音を入れないこと」があります。これらは、日本語の発音とは大きく異なる、英語の発音の特徴です。

　Song 7の***This Masquerade***で練習しますが、/p/、/t/、/k/といった子音は、閉鎖音（破裂音）と呼ばれ、語頭や強勢を持つ母音の前で発音される際にかなり強い息を伴います。
　この息の音のことを気音（または気息音）と呼びますが、英語ではこの気音が自然な発音にとって重要な要素の1つとなっています。

　上記の子音/p/、/t/、/k/で始まるpen、tea、keyを例に取ってみましょう。口の前に両手をかざして、まず日本語で「ペン」「ティー」「キー」と発音してみてください。日本語の無声閉鎖音はほとんど気音を伴いませんので、わずかに手に息が当たるかもしれませんが、それほど強くありませんね。次に同じように口の前に両手をかざし、/p/、/t/、/k/の後にしっかり息が入るようにして、pen /pen/、tea /tiː/、key /kiː/ を発音してみましょう。両手に息が強く当たることが確認できると思います。これが気音を伴う /p/、/t/、/k/ の発音で、英語の発音

の特色の1つなのです。

　なお、***This Masquerade***の歌詞に登場する play /pleɪ/、try /traɪ/、close /kloʊs|kləʊs/ などの語では、/p/、/t/、/k/ と強勢母音の間に/l/や/r/が入っていますが、このような形でも/p/、/t/、/k/は気音を伴いますので、忘れずに強い息を入れて発音しましょう。

　ところで、このplay、try、closeにはもう1つ「英語らしい発音の特徴」が含まれています。「連続する子音の間に母音を挟まない」ということです。play、try、closeをカタカナで表記するとそれぞれ「プレイ」「トライ」「クロウス」となることからも分かるように、日本語では/p/、/t/、/k/を「プ」「ト」「ク」と発音してしまうのです。このように、もともと母音がないところに母音を入れてしまうのが日本人の英語発音の特徴の1つです。英語らしい発音にするには、「本来母音が入らないところには母音を入れない」ことを特に意識する必要があります。

　「プ」「ト」「ク」からそれぞれ母音の「ウ」「オ」「ウ」を除いた子音だけの発音/p/、/t/、/k/（もちろんいずれも強い息を伴います）を何度も練習しましょう。慣れるまで少し時間がかかるかもしれませんが、根気よくtryしてみてください。

Song 1
My Funny Valentine

Music and Lyrics by Richard Rodgers and Lorenz Hart

作曲／リチャード・ロジャーズ
作詞／ロレンツ・ハート
1937年

マイ・ファニー・バレンタイン

1937年のブロードウェイ・ミュージカル、*Babes in Arms* の中の1曲。リチャード・ロジャーズとロレンツ・ハートによるこのミュージカルからは、ほかにも *The Lady Is a Tramp* や *Where or When* などのヒット曲が生まれた。*My Funny Valentine* は、ジャズのスタンダード曲として、これまで数多くの歌手やミュージシャンによってカバーされており、チェット・ベイカーやサミー・デイビス・ジュニア、ビル・エバンス&ジム・ホール、マイルス・デイビスなど、多くの名盤がある。

Song 1

My Funny Valentine

MY FUNNY VALENTINE
Words by Lorenz Hart
Music by Richard Rodgers
©1937 by CHAPPELL & CO., INC.
All rights reserved. Used by permission.
Print rights for Japan administered by YAMAHA MUSIC PUBLISHING, INC.

My funny Valentine,
Sweet comic Valentine
You make me smile with my heart

Your looks are laughable, unphotographable
⁵ Yet you're my fav'rite work of art

Is your figure less than Greek?
Is your mouth a little weak?
When you open it to speak, are you smart?

But don't change a hair for me
¹⁰ Not if you care for me
Stay little Valentine, stay!
Each day is Valentine's Day

マイ・ファニー・バレンタイン

作曲／リチャード・ロジャーズ
作詞／ロレンツ・ハート
1937年

私の愉快なバレンタイン

やさしくておかしなバレンタイン

あなたは私を心からほほえませてくれる

あなたの見た目は滑稽(こっけい)だし、写真写りもよくないけれど

あなたは私のお気に入りの芸術作品

あなたの姿はギリシャ彫刻には程遠い？

口元も少し気弱そう？

話を始めるとあなたは魅力的なの？

でも髪の毛一本変えないで

私のことを愛してくれているなら

そのままのいとしいバレンタインでいてね！

私には毎日がバレンタイン・デー

Words & Phrases

①は歌詞の1行目に登場することを、EX. は例文を表します。

① **Valentine**：バレンタイン（ここでは男性の名前）

② **Sweet**：やさしい、親切な、かわいい

③ **with one's heart**：心から

④ **laughable**：滑稽(こっけい)な、おかしい

④ **unphotographable**：撮影不可能な、写真写りがよくない

⑤ **Yet**：それでも、しかし
※ and yet の形になることもある。

⑤ **fav'rite**：大好きな、お気に入りの（＝ **favorite**）

⑤ **work of art**：芸術品・芸術作品
※この work は作品や著作の意味。

⑧ **smart**：気の利いた、機知に富んだ、軽妙な

⑨ **don't change a hair for me**：私のために髪の毛一本たりとも変えないでほしい
※つまり、「ずっと今のままのあなたでいてほしい」ということ。a hair には「ごくわずか」という意味がある。
EX. He hasn't changed a hair in the last 10 years.（彼はこの10年間ちっとも変わっていない）

⑩ **Not**
※直前の don't change a hair for me をそのまま受ける。

⑩ **care for ～**：～を愛する、好む
※ love や like とほぼ同じ意味。

⑪ **Stay little Valentine**：そのままのいとしいバレンタインでいてください
※ここでの stay は、「～のままである、～の状態でいる」という意味。なお、Stay の後ろにコンマを入れて Stay, little Valentine としている歌詞バージョンもあり、この場合の stay は「（ここに）いる、とどまる」の意味になる。

⑫ **Valentine's Day**：バレンタインデー（＝ **Saint Valentine's Day**）
※2月14日のバレンタインデーのこと。この歌は、Valentine という男性に向けて歌われており、その名前をかけた言い回しになっている。欧米ではバレンタインデーに、恋人や家族や友人たちの間でカードや花などの贈り物をし合う。なお、バレンタインカードを贈る相手（恋人）のことも valentine と言う。
EX. Be my valentine.（私の恋人になってください）

Singing Tips
上手に歌うために！

> You make me smile with my heart /
>   /mi//mɪ/
> Yet you're my fav'rite work of art
>   /əv/

強形と弱形

強弱をつければ英語らしくなる！

　語はその性質から、具体的な意味内容を表す内容語（名詞、動詞、形容詞、副詞など）と、文中のほかの語との文法的関係を表す機能語（接続詞、代名詞、前置詞、冠詞、関係詞、助動詞など）とに二大別されます。このうち、機能語は1つの語でありながら、普通「強形」と「弱形」という2種類の発音を持っています。今回の歌詞の中では、**me** や **of** や **for** などがそれに当たります。2つ以上の弱形を持つ場合もあります。

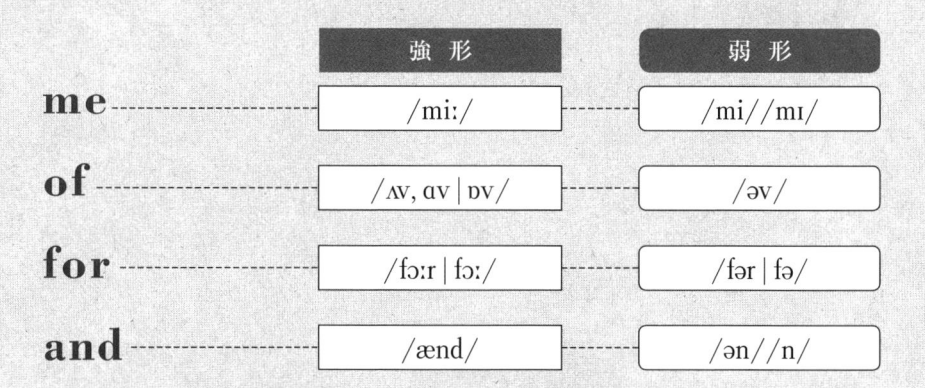

	強形	弱形
me	/miː/	/mi//mɪ/
of	/ʌv, ɑv | ɒv/	/əv/
for	/fɔːr | fɔː/	/fər | fə/
and	/ænd/	/ən//n/

　このような機能語では、通常、弱形が使用されることがほとんどで、強形が使われるのは、これらの語が文の中で強調されるなどの場合に限られます。弱形は、英語の特徴である、強弱が交替する言語リズムと密接にかかわっていま

Singing Tips
上手に歌うために！

す。英語の歌や英語の文を、英語らしく歌ったり読んだりするためには、弱形の発音をマスターすることがとても重要になります。

　今回の *My Funny Valentine* は、ゆったりと歌われることが多い曲ですので、まずは音符に合わせて、1音節ずつ丁寧に発音していけばよいのですが、例えば **my fav'rite work of art** の **of** のような弱形も併せて練習することで、より英語らしい発音に近づきます。なお、歌詞中の **for** や **me** ももちろん普通は弱形で発音されますが、この曲では、この歌詞の部分の音符の長さの関係で、弱形でも強形でも歌われる可能性があります。

Key Points

Sweet comic Valentine

Sweet の出だしの音は、唇を突き出し気味に丸めて「スウィー」のように一気に発音しましょう。Sweet と comic がつながる部分では /t/ と /k/ の閉鎖音が連続するため、前の /t/ が脱落し「スウィーコミッ(ク)」のようになります。

Yet you're my fav'rite work of art

fav'rite は favorite の o を省略した形です。丁寧な発音ではこの o はあいまい母音 /ə/ で発音されますが、ここは v と r の間に母音を挟まずに発音します。/f/ と /v/ は必ず上の歯を下唇に当てて発音しましょう。続く work of art は1語ずつ切れ切れにせず、「ワーカヴァート」のように語と語をつなげて発音。work の最初の w は唇を丸め、or はあいまい母音になります。

Is your figure less than Greek?

Is your は、Is の語尾 /z/ と your の語頭 /j/ とがつながって、会話など自然な発話速度ではしばしば「イジョー」のようになる（同化する）のですが、ゆったりとした歌や話し方では、つなげず「イズヨー」のようにも発音されます。

Song 1
Pronunciation Focus

この音をマスター！

母音編

Is your figure less than Greek?
/ɪz/　　　/fígjər | fígə/　　　　　　/griːk/

/iː/ と /ɪ/ の音の違いは、「イ」の音を伸ばすか伸ばさないかの長さの違いだけのように思われがちですが、実は音質の異なる別個の母音です。

/iː/ /iː/ の音は、子どもがけんかをしたり嫌悪感を示したりするときに使う、「イ〜だ！」の口の形を思い出してください。唇を思い切り左右に引っ張り、やや長めに発音しましょう。唇も舌も、少し緊張した状態になっていることを確認してください。

/ɪ/ /ɪ/ の音は、日本語の「イ」と「エ」の中間の音のように聞こえます。唇には力を入れず、あまり左右にも引っ張らないように、「エ」の口の形を作り、その口の開き方のまま短く「イ」と発音しましょう。/ɪ/ は、/iː/ とは対照的に、唇も舌も力を抜き発音します。

　　　　　/iː/ の音は、唇を左右に引っ張るつもりで。
　/ɪ/ の音は、「イ」と「エ」の中間音。「エ」の口の形のまま「イ」と発音。

応用例

heat /hiːt/（熱）　**hit** /hɪt/（〜を打つ）

beat /biːt/（〜をたたく）　**bit** /bɪt/（わずか）

A friend in need is a friend indeed.（まさかのときの友こそ真の友）
　　　/ɪ/　/iː/　/ɪ/　　　　/ɪ/　　/iː/

In the beginning was the Word.（初めに言葉ありき）
/ɪ/　　/ɪ//ɪ/　/ɪ/

To be, or not to be; that is the question.
　　　/iː/　　　　　　/iː/　　　/ɪ/
（このままでいいのか、いけないのか、それが問題だ☆）

☆印の訳は『シェイクスピア全集』（小田島雄志訳・白水社）からの引用です。

この音をマスター！ Pronunciation Focus

子音編

My funny Valentine
/fʌ́ni/　　/vǽləntàɪn/

/f/ と /v/ は単語のつづりに f や v や ph や gh などが含まれている場合の発音です。日本語にはない音なので、日本語で表記されるときには、カタカナのハ行やバ行で代用されることも多いのですが（/v/ の方は「ヴ」と表記されることもあります）、英語らしく発音するためには、カタカナそのままの発音にならないように注意しましょう。

/f/ /v/

/f/ も /v/ も 上の歯（前歯）を下唇に軽く当てて出す音です。その際に強くかむ必要はありません。/f/ の方は、上の歯を下唇に当てて、そのまま息だけを出します。/v/ の方は、やはり上の歯を下唇に当てて、声を出します。/f/ の音を出すときには下唇は震えませんが、/v/ の音を出すときには、下唇が小刻みに震えます。

unphotographable の ph や、laughable の gh などのように、つづりの中に f や v が入っていないのに、/f/ や /v/ の音になることもあります。こうした場合も、発音方法は /f/ や /v/ と同じです。

> /f/ も /v/ も、上の歯（前歯）を下唇に軽く当てて音を出す。

応用例

fit /fɪt/（〜に合う）　**face** /feɪs/（顔）　**fight** /faɪt/（戦う）

love /lʌv/（愛）　**living** /lívɪŋ/（生活）

nephew /néfjuː|névjuː, néfjuː/（おい）

a knife and fork（ナイフとフォーク［一組］）
　　/f/　　　 /f/

Fifty-five knives and forks for fruit are very heavy.
/f//f/　/f//v/　　/v/　　　/f/　　/f/　/f/　　　　/v/　　　/v/
（55組のフルーツ用のナイフとフォークはとても重い）

Column　Valentine は男性？　女性？

英語でも日本語でも、男性の名前なのか女性の名前なのか判然としない場合がありますが、*My Funny Valentine* の Valentine は男性でしょうか、女性でしょうか？　Valentine という名前は男性・女性のどちらの名前にも使われますので、歌詞だけで判断するのは難しいかもしれません。また、この曲はチェット・ベイカーやフランク・シナトラなどの男性歌手のヒット曲としても知られていますので、Valentine を女性だと思われた方もいらっしゃるでしょう。

　実はもともとこの歌の Valentine は男性の名前です。この歌は、今ではすっかりジャズの名曲となっていますが、もとは *Babes in Arms* というブロードウェイ・ミュージカルの中で歌われた1曲でした。その第1幕で、Billie という女性（この Billie という名前も男性・女性どちらにも使われます）が、思いを寄せる Valentine という男性に向けてこの曲を歌います。

　ミュージカルの中でなく単独で歌われる場合には、この Valentine は男性にも女性にもなり得ます。これはもちろん Valentine が男女両用の名前だから可能になることですが、異性に向けて歌われる愛の歌として、男性歌手が歌う場合には Valentine は女性、逆の場合には男性の名前を表します。

　Valentine のような男女両用の人名が入った曲はそう多くありません。では明らかな女性名あるいは男性名が入った愛の歌を、同性の歌手はどのように歌うのでしょうか。そのような場合、名前の部分を音符や拍に合う適当な異性の名前に変えて歌ったり、あるいは、その歌手が異性になりきって歌ったり、ということもあるようです。

　名前ではありませんが、似た例として、ボサノバの名曲 *The Girl from Ipanema*（イパネマの娘）の冒頭を見てみましょう。

　　Tall and tan and young and lovely（長身で日焼けした若くてかわいい）
　　The girl from Ipanema goes walking（イパネマから来た娘が歩いてゆく）

　2行目の下線部 The girl は、男性歌手が歌う場合はそのままですが、女性歌手が歌う場合には大抵 The boy となり（1行目の lovely も handsome［ハンサムな］に変わり）、曲のタイトルも *The Boy from Ipanema*（イパネマの青年）となります。

Song 2

The Shadow of Your Smile

Music and Lyrics by Johnny Mandel and Paul Francis Webster

作曲／ジョニー・マンデル
作詞／ポール・フランシス・ウェブスター
1965年

ザ・シャドウ・オブ・ユア・スマイル

The Shadow of Your Smile は、1965年の映画『いそしぎ（*The Sandpiper*）』（エリザベス・テイラー、リチャード・バートン主演）の主題歌で、アカデミー賞およびグラミー賞を受賞。映画のタイトルであるいそしぎとは、水辺に生息するシギ科の鳥のことである。映画の中では、主人公の女性画家ローラが世話をする翼の折れた1羽のいそしぎが、登場人物の境遇や成長の象徴となる。

　この曲は、トニー・ベネット、サラ・ヴォーンらの歌手や、ビル・エバンス、ジョージ・シアリング、トゥーツ・シールマンスなど数多くの演奏家によってカバーされ、アストラッド・ジルベルトによるボサノバ・バージョンも大ヒットした。

Song 2

The Shadow of Your Smile

THE SHADOW OF YOUR SMILE
Words by Paul Francis Webster
Music by Johnny Mandel
©1965 by EMI/MILLER CATALOG, INC.
All rights reserved. Used by permission.
Print rights for Japan administered by YAMAHA MUSIC PUBLISHING, INC.

＊印以降の部分は、間奏の後
もう一度歌います。

The shadow of your smile
When you are gone
Will color all my dreams
And light the dawn
5 Look into my eyes, my love and see
All the lovely things you are to me

Our wistful little star
Was far too high
A teardrop kissed your lips
10 And so did I

* Now when I remember spring
All the joy that love can bring
I will be remembering
The shadow of your smile

ザ・シャドウ・オブ・ユア・スマイル
作曲／ジョニー・マンデル
作詞／ポール・フランシス・ウェブスター
1965年

あなたのほほえみの面影が

あなたが去ってしまっても

私の夢を彩り

夜明けを輝かせることでしょう

私の瞳を見つめて、あなた、分かってください

私にとってあなたがどんなにすばらしい存在かを

愁いに満ちた私たちの小さな星は

はるか高く手の届かぬところに遠のき

一粒の涙があなたの唇に触れて

私もあなたにくちづけをした

春を思い起こすとき

愛がもたらしてくれるあらゆる喜びを思い起こすとき

きっと思い出していることでしょう

あなたのほほえみの面影を

Words & Phrases

③ **color**：〜を彩色する、彩る
※この color は動詞。

④ **light**：〜を照らす、明るくする
※この light は動詞。

④ **dawn**：夜明け、あけぼの

⑥ **All the lovely things you are to me**：あなたは私にとって最高にすばらしい存在
※ lovely は「美しい、すばらしい」という意味の形容詞。
※この部分は、you are all the lovely things to me の all the lovely things を強調のために前に出した倒置形ととることも、you の前の関係代名詞 that が省略された形ととることもできる。

⑦ **wistful**：物思いに沈んだ、哀愁をおびた

⑧ **far**：はるかに
※この far は、すぐ後ろの too high を強める副詞。代わりに much を用いることもできる。

EX. There are far too many people around here.（このあたりはあまりに人が多すぎる）

⑩ **so did I**：私もそうしました（＝ **I did so, too**）
※ここでは I kissed your lips, too. ということ。このように、「So do ＋主語」の形で「〜もまたそうです（そうします）」の意味になる。この形では、必ず do の後の主語（ここでは I）に強勢が置かれる。

EX. "I like capybara very much." "So do I."（「僕はカピバラが大好きだ」「私も大好きです」）

⑫ **All the joy that love can bring**：愛がもたらしてくれるあらゆる喜び
※関係代名詞の目的格 that を用いた表現。本来なら動詞 bring の目的語である all the joy が先行詞となって先頭に来ている。Love can bring all the joy.（愛があらゆる喜びをもたらしてくれる）という文にしてみると分かりやすい。
※なお、この関係代名詞の that はしばしば省略される。

Singing Tips
上手に歌うために！

▼ ▼ ▼
The shadow of your smile　When you are gone
▼ ▼ ▼ ▼
Will color all my dreams　And light the dawn

▼は強勢を表します。

英語のリズム

リズムこそ、英語らしさの強い味方！

　英語のリズムは、「強・弱」という交替リズムを持っており、強いところを強勢と言います。文の中では、原則として内容語に強勢が置かれます。英語の持つこのようなリズムは、「強勢拍リズム」と言われ、強勢と次の強勢の間の長さを、等間隔に保つ傾向（等時性）があります。

▼　　　　　　　▼　　　　　　▼
The shadow of your smile / when you are gone / will
　　Ⓐ　　　　　　　Ⓑ　　　　　　　Ⓒ

▼　　　　▼　　　　▼　　　▼
color all my dreams / and light the dawn
　Ⓓ　　　　Ⓔ　　　　Ⓕ　　　Ⓖ

※Ⓐ＝Ⓑ＝Ⓒ＝Ⓓ＝Ⓔ＝Ⓕ＝Ⓖ

　例えば上記の例を音読したときの、下線部分のそれぞれの長さは、ほぼ等しく発音されることになります。音節数の多いところでは、強勢を持たない語群が、リズムを保つためにかなり短く圧縮され、素早く発音されます。その際に大活躍するのが、p. 33で取り上げるあいまい母音の /ə/ で、強勢のない音節で頻繁に現れたり、機能語の「弱形」を作ったりして、英語のリズムを整えます。

Singing Tips
上 手 に 歌 う た め に ！

　このような英語のリズムは、英語らしさの核になるもので、英語の発音をマスターする上でもとても重要です。強勢のある部分は少し強調するようなつもりで「強め、長め、高め」を心がけ、その他の強勢のない部分については「軽く、短く、素早く」発音するとよいでしょう。歌や音読の練習を通じて、ぜひ英語のリズムを身につけていきましょう。

Key Points

All the lovely things you are to me

you、are、to、me などは、会話などでは弱形の発音が通常使われますが、ここでは音符の長さに合わせてすべて強形で歌われます。lovely に2カ所含まれる「明るい /l/」(p.73～74、76 参照) の音は、必ず舌の先を上の歯茎に付けて発音しましょう。

Our wistful little star

Our は通常弱形の /ɑːr|ɑː/ となります。wistful の語末の /l/ は「暗い /l/」なので、-ful は「フゥ」のように (/f/ は上の歯を下の唇に当てて発音)、little の最後の -tle は「リル」または「リロ」「リド」のようになります。

A teardrop kissed your lips

teardrop の最初の /t/ は息を強めに出し、drop の /d/ と /r/ の間には余計な母音を入れないよう注意しましょう。teardrop と kissed の連結部分では、teardrop の語末の /p/ が脱落します。

Now when I remember spring

when I は音をつなげて「ウェナイ」のように。when も remember も最初の /w/ や /r/ の音は唇を丸めましょう。spring の s と p と r の間には余計な母音を入れないこと。spring などの語尾 -ng は /-ŋ/ の音で、g は発音しません。

この音をマスター！ **Pronunciation Focus** Song 2

母音編

The shadow of your smile
/ðə/ /ʃǽdoʊ|ʃǽdəʊ/ /əv/

/ə/ はあいまい母音（schwa［シュワー］）と呼ばれ、アクセントのない音節にとてもよく現れます。英語の母音の中では最も出現頻度が高いものです。/æ/ は「エ」と「ア」の中間のような音で、米国発音と英国発音では音に少し違いがあります。

/ə/ /ə/ の音は、ペンを1本くわえる程度に軽く口を開け、力を抜いて短く発音してみましょう。この音は、日本語のアイウエオのどれにでも聞こえるような「あいまい」な音に感じられます。

/æ/ /æ/ の音は、「エ」の口の形で「ア」と発音するか、または「エア」を一気に1音のように発音してみましょう。ただし、英国発音では「エ」の口の開きは「ア」に近く、かなり広めなのに対し、米国発音では、口の開きは狭めで、全体に伸ばし気味となります。

> /ə/ の音は、ペンを1本くわえる程度に口を開け、力を抜いて短く軽く。
> /æ/ の音は、「エア」を一気に1音のように発音。

応用例

about /əbáʊt/（およそ）　**away** /əwéɪ/（離れて）

［口の開き小さめ］　**pet** /pet/（ペット）⇔ **pat** /pæt/（〜をたたく）　［口の開き大きめ］
　　　　　　　　bed /bed/（ベッド）⇔ **bad** /bæd/（悪い）

back /bæk/（背中）　**bag** /bæg/（かばん）

a black cat on the man's hat（男の人の帽子の上に乗っている黒猫）
/ə/　/æ/　　/æ/　　　/ə/　/æ/　　/æ/

a happy married life full of apple jam sandwiches
/ə/　/æ/　　/æ/　　　　　　/ə//æ/　　/æ/　/æ/
（りんごジャムサンドイッチがいっぱいの幸せな結婚生活）

この音をマスター！ Pronunciation Focus

子音編

All the lovely things you are to me
　　　　/ðə/　　　　　　/θɪŋz/

/θ/ と /ð/ は、単語のつづりに th が含まれているときの発音です。これらをサ行・ザ行で代用すると、いわゆるカタカナ発音になってしまうので、発音の仕方をしっかり学びましょう。

/θ/
/ð/

/θ/ と /ð/ は、舌の先を上下の前歯で軽く挟むようにして発音します。実際には、舌の先を上の歯に当てるだけです。舌を強くかむなどの必要はありません。

/θ/ は、舌の先を軽く上の前歯に当て、そのまま息を出します。

/ð/ は、舌の先を軽く上の前歯に当てて声を出します。/v/ の発音で下唇が震えるのと同様に、/ð/ の音を出すときには、舌の先が小刻みに震えていることを確認しましょう。

なお、the Thames /ðə temz/（テムズ川）のように、つづりに th が含まれるのに /θ/ や /ð/ の発音にならない場合もまれにあります。

> /θ/ と /ð/ は、舌の先を上の前歯に軽く当てて音を出す。

応用例

thank /θæŋk/（〜に感謝する）　**thief** /θiːf/（泥棒）　**mouth** /maʊθ/（口）

breath /breθ/（息）

this /ðɪs/（これ）　**these** /ðiːz/（これら）　**other** /ˈʌðər|ˈʌðə/（ほかの）

breathe /briːð/（息をする）

through thick and thin（よい時も悪い時も[何が起ころうと]）
　/θ/　　　/θ/　　　　/θ/

Birds of a feather flock together.（類は友を呼ぶ）
　　　　　　/ð/　　　　　　　　/ð/

Column　ヨーロッパとジャズ

　アフリカ音楽を起源として、アメリカで生まれたジャズは、この100年ほどの間に拡大し、今や世界の音楽の一大潮流をなしています。ニューオーリンズやディキシーランド、シカゴ・ジャズから現在のジャズに至るまで、ジャズはアメリカの文化として定着し、ジャズ以外の音楽ジャンルにも大きな影響を与え、世界各国で親しまれてきました。

　ジャズのそのような発展を考えると、ジャズはアメリカでのみ盛んなのでは？と私たちは思いがちですが、実はヨーロッパでも大人気です。ジャズの裾野はヨーロッパでも非常に大きく広がっており、クラシック音楽と同様に、ヨーロッパの主要な都市では毎日のようにどこかでジャズが演奏され、楽しまれています。

　私はイギリス留学中に、バレンタイン休暇を利用して、パリに住む友人のところに遊びに行ったことがあります。友人宅には、休暇中ということで、たまたま同じころヨーロッパ各国の大学に留学中だった大学院生たちが、時期を合わせて数名集まりました。せっかくパリに集まったのだから、何かパリらしさを味わえるものをということになり、フランス人の友人が皆を連れて行ってくれたのが、ジャズクラブでした。実際に行ってみると、パリ市内のあちこちのカフェなどで、夜中まで、メトロの終電が出た後もジャズを楽しむ人が多いことに驚きました。と同時に、日ごろから自然にジャズを楽しんでいるフランスの生活スタイルに感銘を受けました。

　イギリスでも事情は同様で、街中のパブやカフェやクラブでは、毎日普通にジャズが演奏され、身近な音楽として人々に親しまれ楽しまれています。プロのジャズミュージシャンだけでなく、アマチュア・ミュージシャンによる演奏も気軽にあちこちで聞くことができ、ジャズは生活の一部にとけ込んでいます。

Song 3

Sentimental Journey

Music by Les Brown and Ben Homer
Lyrics by Bud Green

作曲／レス・ブラウン、ベン・ホーマー
作詞／バド・グリーン
1944年

センチメンタル・ジャーニー

レス・ブラウン楽団が、専属歌手であったドリス・デイとともに吹き込んだこの曲は、1945年に大ヒットした。曲の発表時期が、ヨーロッパにおける第二次世界大戦終結の時期と重なったこともあって、この *Sentimental Journey* は米国において、復員兵が帰郷するテーマ曲のようになり、9週連続でビルボード・ヒットチャートの1位を記録した。戦後日本でもヒットしたこの曲は、日本でジャズが広がっていくきっかけになったとも言われる。レス・ブラウン楽団は、ドリス・デイとの録音から50年後の1994年に、バリー・マニロウとともこの曲を録音している。

Song 3

Sentimental Journey

SENTIMENTAL JOURNEY
Words & Music by Les Brown, Ben Homer and Bud Green
©Copyright by Morley Music Co.
The rights for Japan licensed to Sony Music Publishing (Japan) Inc.

Gonna take a sentimental journey,
Gonna set my heart at ease
Gonna make a sentimental journey
To renew old memories
5 Got my bag, I got my reservation,
Spent each dime I could afford
Like a child in wild anticipation,
Long to hear that "All aboard"

Seven, that's the time we leave, at seven,
10 I'll be waitin' up for heaven,
Countin' ev'ry mile of railroad track
That takes me back

Never thought my heart could be so "yearny,"
Why did I decide to roam?
15 Gotta take this sentimental journey,
Sentimental journey home

センチメンタル・ジャーニー

作曲／レス・ブラウン、ベン・ホーマー
作詞／バド・グリーン
1944年

感傷旅行に出かけて
私の心を休めよう
感傷旅行に出かけて
懐かしい思い出を呼び起こそう
かばんを持って　予約を取って
小銭もはたいて
子どものようにわくわくしている
「まもなく出発、ご乗車願います」というあの声が聞きたくて

7時、出発時刻は7時
天国へ着くまで寝ないで待とう
線路を1マイルずつ数えながら
故郷へと続く線路を

心がこんなに待ち焦がれているとは思わなかった
なぜ放浪しようなんて思ったんだろう？
感傷旅行に出かけなくては
生まれ故郷への感傷旅行に

Words & Phrases

①**Gonna**：〜するつもりだ（= **going to** 〜）
※ going to 〜のくだけた形。ここでは、文頭にあるべき主語の I'm が省略されており、元の形に戻すと、I'm going to take ... となる。

②**set my heart at ease**：私を安心させる
※ set の代わりに put、heart の代わりに mind を使うこともできる。at ease は「安心して、気楽に」という意味。
EX. My parents set my heart at ease.（両親が私を安心させてくれた）

④**renew**：〜を取り戻す、再生する

⑤**dime**：わずかのお金、小銭
※もともとは「10セント硬貨」を表す。

⑥**could afford 〜**：（お金など）を割く余裕がある、工面できる

⑦**in wild anticipation**：心から楽しみにして
※ wild の代わりに eager（熱烈な）もよく使われる。
EX. The children waited in wild anticipation for Santa Claus to arrive.（子どもたちはサンタクロースが到着するのを心待ちにした）

⑧**Long to hear 〜**：〜を聞くことを待ち焦がれる
※「long to +動詞の原形」で「〜するのを切望する」という意味。

⑨**All aboard**：皆さま、ご乗車願います
※列車やバス、船などが出発する直前に使われる決まり文句。

⑩**waitin' up for 〜**：〜を寝ずに待っている（= **waiting up for** 〜）
※「自分にとって天国のような故郷に到着するのを寝ないで待つ」ということ。
EX. I waited up for my wife.（私は妻の帰りを寝ないで待った）

⑪**Countin' ev'ry mile**：1マイルずつ数える（= **Counting every mile**）

⑬**yearny**：〜を切望している
※ journey と韻を踏むために置かれた造語（p. 45 参照）。

⑭**roam**：放浪する

⑮**Gotta**：〜しなければならない（= **have got to** 〜、**have to** 〜）
※ have got to 〜のくだけた形。主語の I が省略されている。

Singing Tips
上手に歌うために！

Gotta take this sentimental journey

/t/ の発音

/t/ の音はラ行？　ダ行？

　最後から2行目の歌詞に出てくる **Gotta** と **sentimental** に注目してみましょう。これらは、日本語では普通「ガッタ」「センチメンタル」などと表記されるため、そのように発音してしまいそうになりますが、実際には、「ガラ」「ガダ」「センリメロ」などのように、ラ行やダ行に聞こえます。

　このラ行やダ行に聞こえる音を出すには、/t/ の音を出す瞬間に舌の先を歯茎に1回当てて（はじいて）発音してください。例えば、**water** /wɑ́:tər/ も「ウォーター」ではなく、「タ」のところで舌を1回当てて（はじいて）「ワーラー」または「ワーダー」、**better** /bétər/ も「ベター」ではなく「ベラー」または「ベダー」に聞こえるように練習してみましょう。なお、これらの最後の母音は p.43 で学ぶ語末の /ər/ です。舌の先を丸めるようにそらして発音しましょう。

　また、**sentimental** や **little** などの語末の -tal や -tle の発音 /-tl/ ※ は、自然な速度の会話や、テンポの速い歌などでは、「タル」「トゥル」ではなく、「ロ」や「ド」や「ル」くらいに聞こえます。ただし、この曲のようにゆっくりと歌われる場合や、強調する場合には、「センティメントー」のように /t/ の音が丁寧に発音されることもあります。

　ちなみに英国発音では、/t/ の音は、すべてはっきり際立たせて発音され、**water** /wɔ́:tə/ や **better** /bétə/ も、響きがずいぶん違った印象になります。

　※こうした語末の発音 /-tl/、あるいは **middle** や **medal** の語末の発音 /-dl/ は、日本人英語学習者にとって最初はなかなか習得が難しいものです。これらは、舌の先を歯茎に付けたまま息（/t/ の場合）または声（/d/ の場合）を出す瞬間に、舌の両側面

Singing Tips
上 手 に 歌 う た め に ！

　だけを上あごから離して発音します。難しく感じる場合は、「トル」「ドル」ではなく、「トー」「ドー」のように発音してみてください。
　また、この **sentimental** や **winter** などのように、/n/ の後に /t/ が続く /nt/ という発音では、ラ行やダ行に聞こえる /t/ が、その前の /n/ の影響を受けて鼻音化した結果、元の /t/ 音は脱落して消えてしまい、「セニメノー」「ウィナー」のようになることがよくあります。歌の中でも、歌手によってはこのような発音で歌っています。

Key Points

Gonna set my heart at ease
set と my がつながる部分は、set の語末の /t/ を脱落させ「セッマイ」のように。また、heart at ease をつなげて歌う場合、2つの t はそれぞれ歯茎のところで1回だけ舌をはじく音になるため、「ハーラリーズ」のようになります。

Got my bag, I got my reservation
2カ所の got と my の連結部分では、got の語末の /t/ が脱落し「ガッマイ」のようになります。Got my bag, ( ) I got my reservation では、下線部にアクセントを置くことで英語らしいリズムが生まれます。なお( )は音を出さない、リズム上想定されるサイレントアクセントです。

Like a child in wild anticipation,
child と wild の l は舌先を上の歯茎に付け、「ウ」のように聞こえる「暗い /l/」で発音。like a は「ライカ」、child in は「チャイゥディン」、wild anticipation は「ワイゥダンティスィペイション」のようにそれぞれつなげます。

Why did I decide to roam?
did I はつなげて「ディダイ」のように。decide の末尾の子音 /d/ は直後に来る /t/ のために脱落し、「ディサイトゥー」のようになります。to は通常は弱形ですが、ここでは音符の長さに合わせて強形 /tuː/ で発音します。

この音をマスター！ Pronunciation Focus

Song 3

母音編

Gonna take a sentimental journey
/sèntɪméntl/ /dʒɚːrni | dʒəːni/

/e/ は、日本語の「エ」とほぼ同じですが、口の開きは少しだけ大きめです。/əːr | əː/ の方は、米国発音 /əːr/ と英国発音 /əː/ では、音質に違いがあります。

/e/
/əːr | əː/

/e/ は、口をこころもち大きく開いて「エ」と発音します。

/əːr | əː/ は、ペンを1本くわえる程度に軽く口を開けます。米国発音 /əːr/ では、つづりに含まれる r を反映して、舌の先を丸めて後ろにそらせ、舌を口の中で浮いた状態にします。英国発音 /əː/ では、舌は丸めずに /ə/ をそのまま伸ばします。なお、米国発音では color や remember などの語末でも、/kʌ́lər/、/rɪmémbər/ とつづりの r を反映して舌の先を丸めますが、英国発音では /kʌ́lə/、/rɪmémbə/ と、舌を丸めず最後の音は短く切るように発音します。

> /e/ は、口を少し大きめに開いて「エ」と発音。
> /əːr | əː/ は軽く口を開け、米国発音 /əːr/ では、舌の先を丸めて発音。

応用例

pit /pɪt/（穴）　　**pet** /pet/（ペット）　　**pat** /pæt/（〜を軽くたたく）
bid /bɪd/（値を付ける）　**bed** /bed/（ベッド）　**bad** /bæd/（悪い）
　　　［口の開き小さめ］　　　　←——————→　　　　［口の開き大きめ］

All is well that ends well.（終わりよければすべてよし）
　　/e/　　　　/e/　　　/e/

She learned about the earth and the universe at the university
　　　　/əːr | əː/　　　　　　/əːr | əː/　　　　　/əːr | əː/　　　　　　/əːr | əː/
after work.（彼女は、仕事の後に大学で地球と宇宙のことを学んだ）
　/əːr | əː/

この音をマスター！ Pronunciation Focus

子音編

Gonna set my heart at ease
/set/　　　　　　　　/iːz/

/s/ も /z/ も、発音の際、舌の先が上の前歯の歯茎に接近しますが、歯茎には当たりません。舌先が歯茎や前歯に当たると、/θ/ と /ð/ の音のようになってしまうので注意しましょう。日本語の「サ」「ス」「セ」「ソ」や「ザ」「ズ」「ゼ」「ゾ」の音から母音「ア」「ウ」「エ」「オ」を取り除いた音が、それぞれ /s/ と /z/ です。

/s/

/s/ は、舌の先を歯茎に近づけ、そのまま息だけを出します。sea /siː/（海）を「シー」とするとカタカナ発音になるので「スィー」のつもりで、ただし「スィ」は一気に1音のように発音します。

/z/

/z/ は、舌の先を歯茎に近づけて声を出します。/ð/ の場合に舌の先が震えたように、/z/ の音を出すときにも、舌の先が歯茎の近くで小刻みに震えていることを確認しましょう。music /mjúːzɪk/ は「ミュージック」ではなく、「ミューズィック」と「ズィ」の部分を一気に1音のように発音しましょう。

> /s/ も /z/ も、舌の先を、歯茎に近づけて音を出す。

応用例

seed /siːd/（種）　**beside** /bɪsáɪd/（〜のそばに）　**pass** /pæs|pɑːs/（通る）

zoo /zuː/（動物園）　**easy** /íːzi/（簡単な）　**does** /dʌz/（〜をする）

He sells seagulls and sea horses at his store.
　/s/　/z//s/　　　/z/　　/s/　　/s//z/　　/z//s/
（彼は店でカモメとタツノオトシゴを売っている）

Here was a Caesar! When comes such another?
　　　/z/　/s/　/z/　　　　　　/z//s/
（シーザーはこういう人であった！ このような人物が二度と現われるか？☆）

Column 歌詞と脚韻・頭韻

楽曲の歌詞も、実は詩の一種です。詩は韻律の形式に沿って作られ、元来は朗読するものでした。韻律の韻とは、行の初めや末尾に置かれる同じ音のことで、律とは、リズムのことを言いますが、音読されることにより、その詩の言葉が持つ心地よい音やリズムが際立ちます。歌詞も詩である以上、ほとんどの場合一定の韻律形式に沿って作られています。

今回の歌 *Sentimental Journey* では、歌詞全体が大きく3つの部分に分かれています。各部分を「連（stanza）」と呼び、第1連は8行、第2連および第3連は4行から成っていますが、各行の末尾の語の音に注目してみましょう。

第1連の末尾の語は、
1行目と3行目 ⇨ journey と journey
2行目と4行目 ⇨ ease と memories
5行目と7行目 ⇨ reservation と anticipation
6行目と8行目 ⇨ afford と aboard
となっていて、語の最後が見事に同じ音に統一されています。

このように行末や句末の語の最後の音を合わせることを、「脚韻（end rhyme）を踏む」と言います。なお、一般に、詩行の初めや末尾など、一定の位置に同一の音が現れることを「韻を踏む」「押韻する」と言います。

第2連では、1行目と2行目が seven と heaven、3行目と4行目が track と back、また、第3連では、1行目と3行目が yearny と journey、2行目と4行目が roam と home で、それぞれ韻を踏んでいます。

ところで、第3連に出てくる yearny /jə́ːrni | jə́ːni/ という語は、実は辞書を調べてみても載っていません。これは、journey /dʒə́ːrni | dʒə́ːni/ という語と韻を踏みたいがために、yearn「切望する、あこがれる」という動詞から作った造語で、形容詞の yearning と同じ「切望している」の意味で使われているのです。

各曲には、必ず韻を踏むところがあります。歌詞の中のどこで押韻しているのかを、毎回学習の際に確認していきましょう。

Song 4

Fly Me to the Moon

Music and Lyrics by Bart Howard

作曲&作詞／バート・ハワード
1954年

フライ・ミー・トゥー・ザ・ムーン

この曲は当初 *In Other Words* というタイトルだったが、その後 *Fly Me to the Moon* にタイトルを変えて大ヒットした。フランク・シナトラのカウント・ベイシー楽団との共演盤が有名だが、ほかにもジャズ、ポップス、ボサノバなどジャンルを問わず多くの歌手やミュージシャンによってカバーされている。またこの曲は、『ウォール街（*Wall Street*）』などの映画をはじめ、テレビドラマやアニメの挿入曲として使用されることも多い。

Song 4

Fly Me to the Moon

FLY ME TO THE MOON
Words & Music by Bart Howard
TRO-©Copyright 1954 by Palm Valley Music, LLC.
Rights for Japan controlled by TRO Essex Japan Ltd., Tokyo
Authorized for sale in Japan only

Fly me to the moon
And let me play among the stars
Let me see what spring is like
On Jupiter and Mars

5 In other words hold my hand
In other words darling kiss me

* Fill my heart with song
And let me sing forevermore
You are all I long for,
10 All I worship and adore

In other words please be true
In other words I love you

フライ・ミー・トゥー・ザ・ムーン
作曲&作詞／バート・ハワード
1954年

私を月へと飛んで行かせて

そして星の間で遊ばせて

春がどんな様子なのかを見せて

木星と火星の春が

それはつまり私の手を握りしめてということ

それはつまり私にキスしてということ

私の心を歌で満たして

そしていつまでもその歌を私に歌わせて

あなたは私が思い焦がれるすべてのもの

私が心から愛するすべてのもの

それはつまり誠実でいてということ

それはつまりあなたを愛しているということ

Words & Phrases

②**let me ～**：私に～させる
※「let + A +動詞の原形」は、「Aに…させる」という意味の使役表現。3行目のLet me see ～、8行目のlet me singも同じ表現で、それぞれ「私に～を見せてください」「私に歌わせてください」という意味。
EX. Let me think about it a little more.（そのことについてはもう少し私に考えさせてください）

③**what spring is like**：春がどのようなものであるか
※ what A is like は「Aがどのようなものであるか」という意味。
EX. I don't know what it is like.（それがどんなものか知りません）

④**Jupiter and Mars**：木星と火星

⑤**In other words**：言い換えれば、つまり（= **that is to say**、**to put it another way**）

⑦**Fill my heart with song**：私の心を歌で満たす
※ fill A with B で「AをBで満たす」。

⑧**forevermore**：永久に、永遠に、とこしえに

⑨**all I long for**：私が待ち望むすべて
※ long for ～は「～を切望する、待ち望む」。なお、この部分と次の行は、Song 2の *The Shadow of Your Smile* に登場した All the joy that love can bring と同じく、関係代名詞の目的格を用いた表現で、all の直後の関係代名詞の that が省略されたもの。

⑩**worship and adore ～**：～を心から賛美する
※ worship と adore はともに「～を崇拝する、賛美する」を表す。類義語を2つ並べることで意味を強めている。

⑪**true**：誠実な、偽りのない

Singing Tips
上手に歌うために！

> You are <u>all I</u> long for,
> <u>All I</u> <u>worship and</u> <u>adore</u>
> <u>In other</u> words …

音のつながり その1
1語ずつ切らずにつなげて歌おう！

　上の歌詞の中で、下線部の語と語がつながるところに注目してください。**all** と **I**、**worship** と **and**、**and** と **adore**、**In** と **other** の、隣り合う2つの語が出合うところで、音のつながり（連結）ができます。つまり、前の語の最後の音（子音）と、後の語の最初の音（母音）とがつながって、1つの音のように発音されるのです。

You are <u>all I</u> long for, <u>All I</u> <u>worship and</u> <u>adore</u>
/laɪ/　　　　　/laɪ/　　/pəndə/

<u>In other</u> words …
/nʌ/

　このような音のつながりは、隣り合うすべての語と語の境界で生じるというわけではありませんが、自然につながりやすいところではつながって発音されるのが普通です。

　自然な英語の発音には、このような「音のつながり」が大変重要です。歌ったり読んだりするときに1語ずつ切って発音するのではなく、このように前後の音のつながりにも注意すると、英語らしい発音に近づくことができます。音のつながりについては、このほかにも注意すべきものがありますので、それら

Singing Tips
上手に歌うために！

についてはまた別の機会に取り上げます。まずは、今回の課題曲 *Fly Me to the Moon* の歌詞の中で、語の前後の音が自然につながるところをしっかり身につけましょう。

Key Points

And let me play among the stars

let と me が連結する際、let の語末の子音 /t/ が脱落し「レッミー」となります。play の語頭の無声音 /p/ は、必ず息を強めに出して発音しましょう。among と the はつなげて「アマンザ」のようになります。the は舌先を上の前歯に当てて発音しましょう。

Let me see what spring is like

Let と me の連結については前項参照。what の語末の子音 /t/ も、同様に脱落気味になります。see は「シー」ではなく「スィー」のような発音になることに注意。And let me play among the stars / Let me see what spring is like と下線部にアクセントを置き、強弱のリズムを作りましょう。

In other words hold my hand

hold の l は舌先を上の歯茎に付ける「暗い /l/」で「ウ」に近い音です。hold と my がつながる部分は、hold の末尾の子音 /d/ が脱落し「ホウゥマイ」のようになります。hand の母音 a は cat の a と同じ発音で。また語末の d は「ド」にならないように。「ド」から母音の「オ」の音を取り去る練習をしましょう。

Fill my heart with song

Fill の l も「暗い /l/」なので「フィゥ」のようなつもりで。heart の末尾の子音 /t/ は軽め、または脱落気味にしますが、丁寧な発音や英国発音では /t/ を発音します。song の語尾 -ng (発音記号は /-ŋ/) の g のつづりは発音しません。

母音編

この音をマスター！ Pronunciation Focus

Song 4

A 33

In other words I love you
/ʌðər | ʌðə/　　　/aɪ/ /lʌv/

/ʌ/ は、ほぼ日本語の「ア」と同じ音に聞こえます。/aɪ/ は二重母音と呼ばれ、母音が2つ連続で発音される音です。最初の母音を強調するつもりで発音するとよいでしょう。

/ʌ/　/ʌ/ の音は、ほぼ日本語の「ア」と同じですが、口を大きく開きすぎないようにして発音しましょう。

/aɪ/　/aɪ/ の音は、前の母音 /a/ を、大きく口を開いて、少し強調するつもりで長めに発音します。続く /ɪ/ は、短く軽く「イ」と「エ」の中間ぐらいの音を添えます。二重母音では、このように最初の母音はアクセントをつけて長めに、後の母音は軽く発音しましょう。

/ʌ/ の音は、口を大きく開きすぎないようにして「ア」の発音。
/aɪ/ の音は、大きく口を開いて /a/ を長めに、/ɪ/ は短く軽く添える。

応用例

A 34

sun /sʌn/　**front** /frʌnt/　**onion** /ʌnjən/　**oven** /ʌvn/
（太陽）　　（前）　　　　　（タマネギ）　　　（オーブン）

fly（飛ぶ）　**high**（高い）　**pie**（パイ）　　[/aɪ/の音が長め]
flight（飛行）　**like**（〜好む）　**ice**（氷）　[/aɪ/の音が短め]

My lovely young funny girlfriend in London and I could
　/aɪ/ /ʌ/　　　/ʌ/　　/ʌ/　　　　　　　　　/ʌ/　　　　/aɪ/
fly high to the moon.
　/aɪ/　/aɪ/
（ロンドンにいるかわいくて若くて愉快なガールフレンドと私は、月まで高く飛んで行けるでしょう）

この音をマスター！ Pronunciation Focus

子音編

> **You are all I long for,**
> /lɔːŋ, lɑŋ | lɒŋ/
> **All I worship and adore**
> /wə́ːrʃɪp | wə́ːʃɪp/
>
> /ŋ/ は「ン」に鼻濁音（鼻にかかったガ行）が付いたような音で、/ʃ/ は日本語の「シャ」「シ」「シュ」「シェ」「ショ」の、母音部分を除いた音になります。

/ŋ/ /ŋ/ は、日本語では「ング」に近く、「ン」に鼻濁音が付いたような音です。ただし、決して日本語の「グ」のようにガ行の発音にはせず鼻にかかった音にし、また「グ」に含まれる母音の「ウ」は除いて発音するようにしましょう。なお /ŋ/ は語頭には出てきません。

/ʃ/ /ʃ/ は、日本語の「シャ」「シ」「シュ」「シェ」「ショ」の最初の音ですが、/ʃ/ そのものは、それぞれの音から母音の「ア」「イ」「ウ」「エ」「オ」を除いて発音することが大切です。なお、/ʃ/ の音を濁らせて声に出すと、/ʒ/ の音になります。

/ŋ/ は、「ン」に鼻濁音が付いた音。ガ行音にせず、母音を入れないこと。
/ʃ/ は、「シャ」「シ」「シュ」「シェ」「ショ」の、母音部分を除いた音。

応用例

singer /síŋər|síŋə/ （歌手）　**uncle** /ʌ́ŋkl/ （伯父、叔父）　**tongue** /tʌŋ/ （舌）
English /íŋglɪʃ/ （英語）　**shoes** /ʃuːz/ （靴）　**measure** /méʒər|méʒə/ （〜を測る）

The famous singer is singing the song "Something."
　　　　　　　　　/ŋ/　　　　/ŋ/ /ŋ/　　　/ŋ/　　　　　/ŋ/
（その有名な歌手は「サムシング」という歌を歌っている）

She sells seashells by the seashore. （彼女は海辺で貝殻を売っている）
/ʃ/　/s/　/s/　/ʃ/　　　　/s/　/ʃ/

Column　ジャズ界の巨人　ルイ・アームストロング

「サッチモ」のニックネームでも有名な天才ジャズ・トランペッター、ルイ・アームストロングの名前をお聞きになったことがあると思います。「サッチモ」の語源は satchel mouth（サッチェル・マウス：かばんのように大きな口→口の大きなやつ）のようですが、その名の通り大きな口と、人懐こい笑顔が印象的なルイ・アームストロングは、明るく親しみやすい人柄とそのすばらしい演奏とで、世界中で愛されたジャズ・ミュージシャンでした。同時に彼は、ジャズの歴史において大きな足跡を残した、ジャズ界の巨人でした。次の賛辞からも分かるように、今日のジャズは、彼によってその基礎が築かれたと言っても過言ではないでしょう。

「もしジャズの巨匠がいるとすれば、それはルイ・アームストロングだ」
　　　　　　　　　　　　　　　　　　　　　　　（デューク・エリントン）
「彼こそアメリカの音楽の始まりで終わりである」（ビング・クロスビー）

1901年にニューオーリンズで生まれたルイ・アームストロングは、貧しい子ども時代を経て、少年院でコルネットに初めて触れ、その後トランペット奏者として1920年代以降シカゴやニューヨークで大活躍しました。トランペットをソロ楽器として確立した彼の即興感覚に富む演奏は、後進のトラペット奏者のみならず、ほかの楽器奏者や歌手にも大きな影響を与えました。

ルイ・アームストロングは「スキャット」という歌唱法を広めたことでも有名ですが、これはトランペットを模してそのまま声に置き換えたものとされています。また、彼が歌う「聖者の行進」「ハロー・ドーリー！」「この素晴らしき世界」などの曲は、誰でも一度は耳にしたことがあるのではないでしょうか。その独特の歌声は、時にだみ声などと言われることがありますが、一度聞いたら忘れられない温かさとやさしさにあふれています。

彼は後年、映画音楽やジャズ以外のジャンルの曲も歌ったり、映画に出演したりと、ますますそのエンターテイナーぶりを発揮しましたが、1971年に69歳で亡くなりました。

Song 5

The Days of Wine and Roses

Music and Lyrics by Henry Mancini and Johnny Mercer

作曲／ヘンリー・マンシーニ
作詞／ジョニー・マーサー
1962年

酒とバラの日々

　ジャック・レモンとリー・レミック主演の1962年のアメリカ映画『酒とバラの日々』の主題曲。アカデミー主題歌賞およびグラミー賞を受賞。ヘンリー・マンシーニの流麗な曲のイメージとは対照的に、映画では、アルコール依存症になってしまった夫婦の悲劇が描かれている。

　この曲は最初、作曲者ヘンリー・マンシーニ自身のオーケストラの演奏や、アンディ・ウィリアムスの歌によって大ヒットした。その後、フランク・シナトラ、エラ・フィッツジェラルド、ジュリー・ロンドンらの歌手や、オスカー・ピーターソン、ビル・エバンスなどのピアニスト、ウェス・モンゴメリーらのギタリストなど、多くの演奏家によって取り上げられている。

Song 5

The Days of Wine and Roses

THE DAYS OF WINE AND ROSES
Words by Johnny Mercer
Music by Henry Mancini
©1962 by WARNER BROS. INC.
All rights reserved. Used by permission.
Print rights for Japan administered by YAMAHA MUSIC PUBLISHING, INC.

The days of wine and roses

Laugh and run away like a child at play

Through the meadowland toward a closing door

A door marked "Nevermore"

5 That wasn't there before

* The lonely night discloses

Just a passing breeze filled with memories

Of the golden smile that introduced me to

The days of wine and roses and you

酒とバラの日々

作曲／ヘンリー・マンシーニ
作詞／ジョニー・マーサー
1962年

酒とバラの日々は

遊んでいる子どものように笑いながら走り去ってゆく

牧草地を駆け抜け　閉じつつある扉へと

「二度とない」としるされた扉に向かって

その扉は以前にはなかったもの

ひとりぼっちの夜には

思い出に満ちたそよ風が通り過ぎてゆくだけ

その輝く笑顔の思い出が　私をいざなった

酒とバラとあなたとの日々へと

Words & Phrases

②**run away**：走り去る、逃げる
※ away は「遠くへ、離れて」という意味の副詞。

②**at play**：遊んで、戯れて
※この at は、「従事」や「活動」を表し、at の後ろには普通、無冠詞の単数名詞が来る。
EX. The grasshopper was at play while the ants were hard at work.（アリが一生懸命働いている間、キリギリスは遊んでいました）

③**meadowland**：牧草地

④**marked "Nevermore"**：「二度とない」としるされた
※ marked 〜で「〜という印をつけられた、〜と書かれた」を表す。nevermore は「二度とない」という意味で、never again でも言い換えられる。

⑥**discloses**：〜を明らかにする、あらわにする

⑦**breeze**：そよ風

⑦**filled with 〜**：〜でいっぱいの、〜に満ちた
※ fill A with B で「A を B でいっぱいにする」の意味。これを受け身にすると、A is filled with B となり、「A は B でいっぱいになっている」を意味する。
EX. The news filled my heart with joy.（そのニュースを聞いて私は喜びで胸がいっぱいになった＝ My heart was filled with joy to hear the news.［受け身］）

⑧**introduced me to 〜**：私を〜に紹介した、引き合わせた
※ introduce A to B の形で「A を B に紹介する、引き合わせる」の意味。
EX. I would like to introduce you to my parents.（あなたを私の両親に紹介したいのですが）

Singing Tips
上手に歌うために！

> The days of wine and roses
>   /w/   /r/
> Laugh and run away
>   /r/   /w/

円唇について
唇を丸めて英語らしさアップ！

　英語において、唇を丸める発音は、歌うときにも発話のときにも、より自然に発音するための大切なポイントです。この唇を丸めることを「円唇」と言います。日本語では、唇を丸めて発音することがほとんどなく、「アイウエオ」の「ウ」ですら円唇ではありません。それに対し、英語には唇を丸めて発音する場合がいくつかあり、日本人英語学習者の発音の盲点の1つになっています。

　では、どういうときに唇を丸める発音になるのでしょうか。原則として、単語のつづりの中に **r** や **w** が含まれている場合が円唇になります。上の例では **roses** や **run** の **r**、**wine** や **away** の **w** ですね。「**r** と **w** があれば円唇」と覚えておけばよいでしょう。

　ただし、p. 64でも学習しますが、/w/ の方が円唇の度合いがより強く、唇を前に突き出すようにして丸めます。慣れるまでは、少し大げさなくらい唇を丸める練習をしましょう。

　なお、今回の課題曲の歌詞には上記の **roses** や **run** 以外にも、次のような /r/ の発音を含む語が登場します。これらも使って、/r/ の発音を練習してみてください。

through /θruː/　　**breeze** /briːz/

introduce /ìntrədúːs|ìntrədjúːs/

Singing Tips
上手に歌うために！

　この円唇がきちんとできるようになると、英語らしさが一段とアップしますので、ぜひマスターしましょう。

Key Points

The days of wine and roses
days、wine、roses に強勢アクセントが来るため、その前後の The や of や and は弱形となり、and の /d/ も脱落気味になります。days と of、wine と and をそれぞれつなげて「デイゾヴ」「ワイナン」のようにするとよいでしょう（wine と and の間は切ってもかまいません）。

Laugh and run away like a child at play
Laugh and、run away、like a、child at の部分をそれぞれつなげて、「ラーファン」「ラナウェイ」「ライカ」「チャイゥダッ」のように。なお Laugh と and の間は切って歌っても OK です。at play の at の /t/ は脱落し音が消えます。

Through the meadowland toward a closing door
toward a はつなげて歌いましょう。meadowland の語末の子音 /d/ は通常は脱落しますが、meadowland の後で区切る場合には /d/ を発音します。closing の語尾 -ng の発音は /-ŋ/ なので、g のつづりは発音しません。

Of the golden smile that introduced me to
of は通常は弱形ですが、ここの Of は行頭の歌い始めなので、強形が自然です。通常弱形の me と to も、ここでは音符の長さや脚韻（to と最終行の you）の都合で強形で歌います。introduced の末尾の子音 /t/ は脱落します。

この音をマスター！ Pronunciation Focus

母音編

Laugh and run away /
/læf | lɑːf/

Through the meadowland toward a closing door
/médoʊlænd | médəʊlænd/   /klóʊzɪŋ | klə́ʊzɪŋ/

/æ|ɑː/ も /oʊ|əʊ/ も、米国発音と英国発音とでは響きに違いがあります。二重母音 /oʊ|əʊ/ は、「ローズ」「ショー」などと日本語表記につられて伸ばしてしまうことが多いので、気をつけましょう。

/æ|ɑː/

/æ|ɑː/ の音は、laugh や pass の母音で、米国発音と英国発音とでは異なります。米国発音は p.33 で学んだ /æ/ の音になります。英国発音 /ɑː/ では、大きく口を開けてのどの奥から出す「アー」の音になります。

/oʊ|əʊ/

/oʊ|əʊ/ の音は、唇を丸めた「オウ」のつもりで、また「ウ」は軽めに発音しましょう。英国発音では、最初の音が、唇を丸めないあいまい母音の /ə/ になり、響きがかなり異なります。

> /æ/ の音は、「エア」を一気に発音。
> /oʊ/ の音は、唇を丸めて「オウ」と発音。「ウ」は軽く添える程度に。

応用例

can't /kænt | kɑːnt/
(〜できない)

last /læst | lɑːst/
(最後の)

class /klæs | klɑːs/
(クラス)

home /hoʊm | həʊm/
(家、家庭)

show /ʃoʊ | ʃəʊ/
(〜を見せる)

coat /koʊt | kəʊt/
(コート)

I can't miss my last chance to dance with her in a dance class.
/æ|ɑː/   /æ|ɑː/ /æ|ɑː/   /æ|ɑː/   /æ|ɑː/ /æ|ɑː/
(僕はダンスの授業で彼女と踊る最後のチャンスを逃すことはできない)

A rolling stone gathers no moss. (転がる石に苔は生えない)
/oʊ|əʊ/   /oʊ|əʊ/   /oʊ|əʊ/

子音編

この音をマスター！ **Pronunciation Focus**

The days of wine and roses
/waɪn/ /róʊzɪz | róʊzɪz/

/r/ の音は日本語にはない音で、唇を丸めて発音します。日本語のラ行で代用してカタカナ発音にならないようにしましょう。/w/ の音は、さらに唇を丸め前に突き出すようにして発音します。

/r/ /r/ は、唇を丸め、舌の先を丸めて後ろにそらすようにして発音します。舌の先は口の中でどこにも接触しないことに注意しましょう。練習法としては、まず唇を少し突き出すように丸めて「ウラ」「ウリ」「ウル」「ウレ」「ウロ」と言ってみます。次に唇は丸めたまま、それらを一気に1音のように発音してみてください。

/w/ /w/ は、/r/ よりさらに唇を丸め前に突き出すようにして発音します。唇をほとんど丸めない日本語の「ワ」行にならないようにしましょう。

> /r/ の音は、唇を丸め、舌の先を丸めて後ろにそらすようにして発音。
> /w/ の音は、しっかり唇を丸めて前に突き出すようにして発音。

応用例

right /raɪt/ （正しい）　**dress** /dres/ （服）　**bright** /braɪt/ （明るい）　**street** /striːt/ （通り）

when /wen/ （〜する時）　**why** /waɪ/ （なぜ）　**sweet** /swiːt/ （甘い）　**weather** /wéðər | wéðə/ （天気）

a room filled with the sweet fragrance of every variety
　　/r/　　　　　　/w/　　　/w/　　/r/ /r/　　　　　　/r/　　　/r/

of red rose （あらゆる種類の赤いバラの甘い香りに満たされた部屋）
　/r/ /r/

the wit and wisdom of the ancient wise men （古代の賢人たちの機知と知恵）
　　/w/　　　/w/　　　　　　　　　/w/

Column　映画音楽とジャズ

　スタンダード・ジャズの名曲の中には、もともと映画音楽だったものがたくさんあります。これまでに取り上げた曲の中でも、*The Shadow of Your Smile* やこの *The Days of Wine and Roses* は映画の主題歌です。「もともと映画音楽として作られたのにジャズと呼べるの？」と疑問に感じる方もいらっしゃることと思います。実は、ジャズの歌手や演奏家が取り上げたそのときから、その曲はジャズの一員になります。*The Days of Wine and Roses* も、作曲者のヘンリー・マンシーニによる演奏やアンディ・ウィリアムスの歌では、曲のイメージはイージー・リスニングやポップスのままですが、エラ・フィッツジェラルドが歌い、ビル・エバンスやハンク・ジョーンズがピアノで弾いたその瞬間から、れっきとしたジャズの楽曲に生まれ変わります。

　ところで、音楽が全編ジャズという映画は意外に少ないのですが、1950年代後半から60年代前半にかけてフランスで起こったヌーベルバーグ（訳すと「新しい波」で、当時の若い監督たちによる新しい作品傾向のこと）の時期に、そうしたものがいくつか見られます。1958年のルイ・マル監督によるサスペンス映画『死刑台のエレベーター』はその代表例で、音楽を担当したマイルス・デイビスは、フィルムを見ながら即興演奏でこの映画音楽を完成していったと言われています。また、この映画と同じくジャンヌ・モローを主演女優とする『危険な関係』（1959年／ロジェ・バディム監督）にも、映画音楽としてセロニアス・モンクらのジャズ・ナンバーが使われ、アート・ブレイキー・アンド・ザ・ジャズ・メッセンジャーズの演奏で有名になりました。

　ミュージカル映画からも、ジャズの名曲が数多く生まれています。ジュリー・アンドリュース主演の『サウンド・オブ・ミュージック』の中の、自分の大好きなものを次々に挙げていく歌 *My Favorite Things*（私のお気に入り）や、ミシェル・ルグランが音楽を担当した『シェルブールの雨傘』『ロシュフォールの恋人たち』の中の音楽などは、そのほんの一例です。映画音楽からは、今後もきっとジャズの名曲が生まれ続けることでしょう。

Song 6

Stardust

Music and Lyrics by Hoagy Carmichael and Mitchell Parish

作曲／ホーギー・カーマイケル
作詞／ミッチェル・パリッシュ
1927年

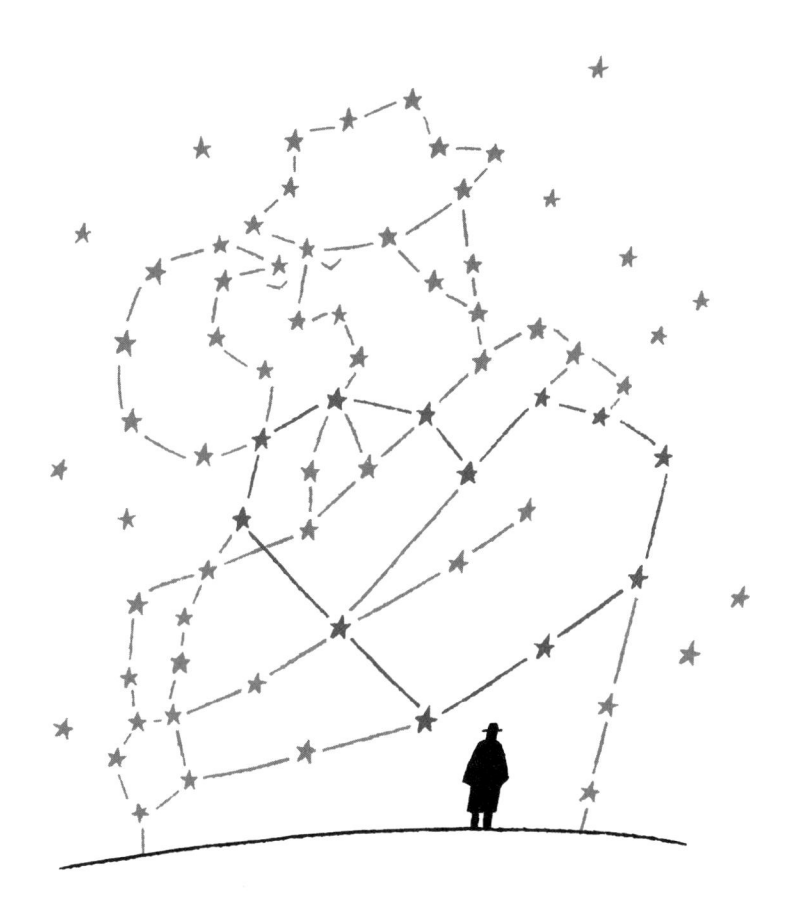

スターダスト

ホーギー・カーマイケルが1927年に作曲し、1929年にミッチェル・パリッシュが詞を付けたジャズの名曲。最初作曲されたときはアップテンポの器楽曲で、曲名も *Stardust* ではなく、2語の *Star Dust* であった。ビング・クロスビー、ルイ・アームストロング、アーティ・ショー楽団、トミー・ドーシー楽団、グレン・ミラー楽団など、数多くの歌手や演奏家のレパートリーとして取り上げられてきており、録音数が非常に多いスタンダード・ジャズとしても有名である。ナット・キング・コール、ナタリー・コール父娘それぞれの録音や、ウィントン・マルサリスによるトランペット・バージョンなど名盤も多い。

Song 6

Stardust

STARDUST
Words by Mitchell Parish
Music by Hoagy Carmichael
©1928 EMI MUSIC PUBLISHING LTD.
Permission granted by EMI Music Publishing Japan Ltd.
Authorized for sale only in Japan

[Verse]
And now the purple dusk of twilight time
Steals across the meadows of my heart
High up in the sky the little stars climb
Always reminding me that we're apart

5 You wandered down the lane and far away
Leaving me a song that will not die
Love is now the stardust of yesterday
The music of the years gone by

[Chorus]
Sometimes I wonder why I spend
10 The lonely night dreaming of a song
The melody haunts my reverie
And I am once again with you

➡ p.70 に続きます

スターダスト

作曲／ホーギー・カーマイケル
作詞／ミッチェル・パリッシュ
1927年

［バース］

そして今たそがれ時の紫色の夕やみが

私の心の草原を横切って忍び寄る

空高く小さな星々が上り

私たちが離れていることをいつも思い出させる

あなたは小道をさまよい離れていった

消えることのない歌を私に残して

恋は今や昨日の星屑(ほしくず)

過ぎ去った年月の音楽

［コーラス］

時々なぜだろうと考える

ある歌のことを夢見て　孤独な夜を過ごすのは

そのメロディーは私の夢想から離れることなく

私は再びあなたとともにいる

→ p.71 に続きます

Song 6

Stardust

When our love was new
And each kiss an inspiration
¹⁵ But that was long ago
Now my consolation is in the stardust of a song

Beside a garden wall
When stars are bright you are in my arms
The nightingale tells his fairy tale
²⁰ Of paradise where roses grew
Tho' I dream in vain
In my heart it will remain
My stardust melody,
The memory of love's refrain

私たちの恋が始まったころ
くちづけはいつもインスピレーションだった
でもそれはずっと昔のこと
今では私の慰めは歌の星屑の中にある

庭の塀のそばで
星が明るく輝くとき　あなたは私の腕の中にいる
小夜鳴き鳥(さよなきどり)がおとぎ話をさえずる
バラの花咲く天国のおとぎ話を
夢を見てもむだだろうけれど
心の中で流れ続ける
私の星屑のメロディー
繰り返される愛の思い出

Words & Phrases

①**dusk**：夕やみ、夕暮れ、たそがれ

①**twilight time**：たそがれ時、夜明け方

④**reminding me that ～**：私に～であることを思い出させる
※「remind＋人＋that～」で「人に～ということ思い出させる」という意味。

⑤**wandered**：さまよった、ぶらついた

⑤**lane**：小道、通り

⑧**gone by**：過ぎ去った
※go by は「(時間などが)過ぎる」。この by は時間の経過を表す副詞で、「過ぎて、過ぎ去って」を意味する。
EX. Ten years went by in a flash.（10年があっという間に過ぎていった）

⑨**wonder why ～**：なぜ～なのだろうと思う、～と不思議に思う
※「wonder＋疑問詞（when、where、why、what、who、how）」や、wonder whether または wonder if で、「～だろうかと思う、～かしらと思う」の意味。wonder whether や wonder if は、丁寧に依頼する場合にも使う。
EX. I wonder when the universe started.（宇宙はいつから始まったのだろうか）
I wonder if you can help me.（手を貸してもらえますか［依頼］）

⑩**dreaming of a song**：ある歌のことを夢見ている
※ dream of ～は「～の夢を見る、～のことを夢想する」という意味。

⑪**haunts**：～に絶えず浮かぶ、～から離れない

⑪**reverie**：夢想、物思い

⑭**inspiration**：霊感、感動、インスピレーション

⑯**consolation**：慰め、やすらぎ

⑲**nightingale**：サヨナキドリ、ナイチンゲール
※美しい声で鳴く鳥。

㉑**Tho'**：～だけれども（＝ **Though**）

㉑**in vain**：むだで、むなしく
※ vain は形容詞で「むだな、むなしい、無益な」の意味。in vain というイディオムの形でよく使われる。
EX. He tried in vain to solve the difficult problem.（彼はその難しい問題を解こうとしたがむだだった）

㉒**remain**：とどまる、依然として～のままである

Singing Tips
上手に歌うために！

> In my heart it will remain
> My stardust melody,
> The memory of love's refrain

/l/ と /r/ の発音

マスターして英語らしさに磨きをかけよう！

英語の発音で取り上げられる頻度が最も高い話題は、/l/ と /r/ の発音かもしれません。日本語でこれらに似た音は「ラ行」の子音しかないため、ついそれで代用してしまいがちですが、英語の /l/ と /r/ の音とは異なる音です。実は日本語の「ラ行」音は、前後の環境によっていくつか微妙に異なる発音の仕方があり、その1つに、発音の瞬間に舌先を歯茎で1回はじく、「ラ行」や「ダ行」に聞こえる /t/ の音（p.41 参照）も含まれます。

それに対して、英語の /l/ と /r/ の音は以下のように発音します。
◎ /l/ の音は、舌の先をしっかりと上の歯茎に付けて発音。
◎ /r/ の音は、唇を丸め、舌の先は口の中でどこにも接触させないで丸めて後ろにそらせるようにして発音（p.64 参照）。

次の例でも、/l/ と /r/ の音を練習してみましょう。

   light（光、明るい、軽い）⇔ **right**（権利、正しい）
   long（長い）⇔ **wrong**（誤った）
   play（劇、遊ぶ）⇔ **pray**（祈る）

なお、これらの例に出てきた /l/ は、いずれも直後に母音が来て明るい音色

Singing Tips
上 手 に 歌 う た め に ！

に感じられる「明るい /l/」と呼ばれるものです。/l/ の音にはもう 1 つ、暗く少しこもった音色に感じられる「暗い /l/」もあり、前のページの歌詞では will が暗い /l/ です。この音は、少し唇を丸め「ウ」か「オ」を軽く添えて「ウィゥ」「ウィォ」のようなつもりで発音してみましょう。

Key Points

The lonely night dreaming of a song

コーラスの 2 行目です。lonely の /oʊ|əʊ/（歌詞中では meadows、ago、roses、Tho' にも含まれます）はきちんと発音しましょう。night と dreaming を切らずに続けて歌う場合は、night の語末の子音 /t/ が脱落します。of と a は連結させましょう。

And I am once again with you

And と I が連結し「アンダイ」、once と again が連結し「ワンサゲン」のようになります。And は通常は弱形で発音されますが、ここでは行頭の歌い始めの部分に来ているので強形にするのが自然です。なお、am は弱形の /əm/ です。

And each kiss an inspiration

kiss の語頭の /k/ は息を強めに出して発音しましょう。なお、ここでは an と inspiration は連結して発音しますが、kiss と an の間は普通は連結しません。

The nightingale tells his fairy tale

nightingale、tells、tale の /l/ は舌先を上の歯茎に付けて発音する「暗い /l/」で、「ナイティンゲイゥ」「テゥズ」「テイゥ」のようになります。なお、米国発音では、語中で前後を母音に挟まれた /t/ は、後続の母音が弱母音のときには多くの場合「ラ行」や「ダ行」の音に変化するため、nightingale の下線部は「ナイリン」や「ナイディン」のように聞こえます。

Song 6 Pronunciation Focus

この音をマスター！

母音編

Love is now the stardust of yesterday /
　　　　　/naʊ/
Of paradise where roses grew
　　　　　　　　/weər | weə/

/aʊ/ も /eər | eə/ も二重母音です。既習の二重母音と同様、前の母音を強調するつもりで長めに発音し、後の母音は軽く添えるようにします。

/aʊ/　/aʊ/ では、前の母音 /a/ は、口を大きく開けた「ア」を少し強調するつもりで長めに発音してください。/ʊ/ は、短く軽く、「ウ」と「オ」の中間ぐらいの音で添えます。

/eər | eə/　/eər | eə/ では、前の母音 /e/ は、口をこころもち大きく開いた「エ」を少し強調するつもりで長めに、後の /ər/ は、舌の先を丸めて後ろにそらすように発音しましょう。なお、英国発音では舌を丸めたりそらしたりしません。

> /aʊ/ は、大きく口を開いて /a/ を長めに、/ʊ/ は短く軽く添える。
> /eər | eə/ は、口をこころもち大きく開いて /e/ を長めに、
> /ər/ は舌の先を丸めて短く軽く添える。

応用例

mouth /maʊθ/（口）　**mouths** /maʊðz/（口 [複数形]）　**how** /haʊ/（どのように）

air /eər | eə/（空気）　**fair** /feər | feə/（公正な）　**care** /keər | keə/（心配）

Fair is foul, and foul is fair.（いいは悪いで悪いはいい☆）
/eər | eə/　　/aʊ/　　　/aʊ/　　/eər | eə/

Cows are taken care of in fair weather and clear air
　/aʊ/　　　　　　/eər | eə/　　/eər | eə/　　　　　　　/eər | eə/
outside the house.（雌牛が屋外の晴れて澄んだ空気の中で世話をされている）
/aʊ/　　　　/aʊ/

この音をマスター！ Pronunciation Focus

子音編

Beside a garden wall
/wɔːl/
When stars are bright you are in my arms
/juː/

/l/ の音には「明るい /l/」と「暗い /l/」の2種類があり、どちらも舌の先をしっかりと上の歯茎に付けて発音します。上の歌詞中の wall の語末は「暗い /l/」です。/j/ の音は、日本語の「ユ」や英語の U などの出だしの子音部分で、u や y や i などが入ったつづりの語に現れます。

/l/ /l/ の音は、必ず舌の先をしっかりと上の歯茎に付けてゆっくり音を出しましょう。音質の違う「明るい /l/」と「暗い /l/」の2種類がありますが、このうち「暗い /l/」は、舌の先を上の歯茎に付けて、「ウ」か「オ」を軽く添えるように発音するとよいでしょう。

/j/ /j/ の音は、日本語の「ユ」の出だしの子音です。「ユ」から母音の「ウ」を除いて発音してみましょう。

> /l/ の音は、舌の先をしっかりと上の歯茎に付けたまま発音。
> /j/ の音は、日本語の「ユ」の母音部分を除いた音。

応用例

[明るい /l/] **love** /lʌv/（愛）　**melody** /mélədi/（旋律）
[暗い /l/] **tell** /tel/（〜を言う）　**tale** /teɪl/（話）

young /jʌŋ/（若い）　**use** /juːz/（〜を使う）　**year** /jɪər|jɪə/（年）
yes /jes/（はい）　**million** /míljən/（100万）　**music** /mjúːzɪk/（音楽）

The little young girl will tell a fairy tale about people living
　　　/l/　/l//j/　　　/l/　/l/　/l/　　　　　　/l/　　　　/l//l/
without milk.
　　　　/l/

（その小さな少女が、ミルクのない生活をしている人々についてのおとぎ話を話してくれるでしょう）

Column　バースとコーラス

　今回の課題曲 *Stardust* は、歌詞が「バース（verse）」の部分と「コーラス（chorus）」の部分とに分かれています。バースは、いわば歌の序奏に当たる導入部分で、コーラスはそれに続く楽曲の主要部分のことです。コーラスは主題を提示し、繰り返して演奏される部分でもあるため、「反復句」などの意味の「リフレイン（refrain）」という名称も使われます。

　ジャズのスタンダード・ナンバーには、このようにバースの後にコーラスが続く形式の曲がたくさんあります。本書で取り上げている曲のうち、実は、*My Funny Valentine*、*The Shadow of Your Smile*、*Sentimental Journey*、*Fly Me to the Moon*、*Stardust*、*Autumn Leaves*、*When You Wish upon a Star*、*The Christmas Song*、*All the Things You Are* の9曲にバースが付いており、これらの多くはブロードウェイ・ミュージカルや映画からの歌です。本書では、バースとともに歌われることが最も多い *Stardust* のみ、バースを収載しています。

　このように、一般にバースは、もともとミュージカルで歌われていた曲の歌詞に多く見られます。つまり、歌手が歌の主要部に入っていく前に、せりふをメロディーに乗せて語りかけるように歌う部分がバースとして残っているわけです。

　その意味で、バースとコーラスの関係は、オペラ、オラトリオ、カンタータなどで聞かれるレチタティーボ（叙唱）とアリア（詠唱）の関係に似ているかもしれません。レチタティーボは語りの要素が強く、話し言葉の抑揚で語るように歌われる「せりふの朗唱部分」であるのに対し、アリアは「旋律的な独唱」のことを言います。レチタティーボで状況が説明され、次に続くアリアの中で感情や思いが表現されるのです。

　Stardust も主要部分のコーラスに重きがありますので、バースの部分はさらりと歌い、コーラスの部分では感情を込めて歌ってみましょう。

Song 7
This Masquerade

Music and Lyrics by Leon Russell

作曲&作詞／レオン・ラッセル
1972年

マスカレード

アメリカのシンガー・ソングライター、レオン・ラッセルによるスタンダード・ナンバーで、本当には分かり合えない、もどかしい心情を仮面舞踏会に託して歌った曲である。カーペンターズの録音がよく知られているが、セルジオ・メンデス、ジョージ・ベンソン、パット・メセニーらいろいろなジャンルのミュージシャンによってもカバーされている。中でもジョージ・ベンソンによる録音は大ヒットとなりグラミー賞も受賞した。カーペンターズには、エラ・フィッツジェラルドとのテレビ共演の録音もあり、その中で *This Masquerade* はスタンダード・ジャズ・メドレーの1曲として取り上げられている。

Song 7
This Masquerade

THIS MASQUERADE
Words & Music by Leon Russell
Copyright © 1972, 1973(Renewed) by EMBASSY MUSIC CORPORATION
International Copyright Secured.
All Rights Reserved. Used by Permission.
Rights for Japan controlled by K.K. Music Sales
© 1972 CHRYSALIS ONE SONGS LLC
The rights for Japan assigned to FUJIPACIFIC MUSIC INC.

Are we really happy
With this lonely game we play
Looking for the right words to say
Searching but not finding
5 Understanding any way
We're lost in this masquerade

Both afraid to say we're just too far away
From being close together from the start
We tried to talk it over
10 But the words got in the way
We're lost inside this lonely game we play

Thoughts of leaving disappear
Each time I see your eyes
And no matter how hard I try
15 To understand the reason
Why we carry on this way
We're lost in this masquerade

マスカレード
作曲&作詞／レオン・ラッセル
1972年

私たちは本当に満足しているの

ふたりきりのこんなゲームをして

ふさわしい言葉を求めて

探してみても見つからず

何とか理解しようとして

こんな見せかけの仮面舞踏会に夢中の私たち

ふたりとも怖くて言い出せない

近いはずの私たちの距離が最初からはるか遠く離れていたことを

話し合おうとはしたけれど

言葉が邪魔をして

ふたりきりのこんなゲームの中に迷い込んでいる

別れようという考えは消えてしまう

あなたの目を見るたびに

どんなに一生懸命に

理由を理解しようとしてみても

私たちがなぜこんなふうに続けているのか分からない

こんな見せかけの仮面舞踏会に夢中の私たち

Words & Phrases

③ **Looking for ～**：～を探して
※4行目のSearching for ～もほぼ同じ意味。

⑤ **any way**：とにかく、何としても（＝anyway）

⑥ **We're lost in ～**：私たちは～に夢中になっている
※ be lost in ～で「～に夢中である、没頭している」の意味。

⑥ **masquerade**：仮面舞踏会、見せかけ、虚構

⑦ **Both afraid to ～**：私たちはふたりとも怖くて～できない
※冒頭のWe areが省略されている。「be afraid to ＋動詞の原形」で「恐れて～できない、～する気になれない」の意味。

⑨ **talk it over**：それをよく話し合う
※ここでのoverは「十分に」の意味。think it overであれば「それを十分に考える」という意味になる。
EX. Let's talk it over.（そのことをじっくり話し合いましょう）

⑩ **got in the way**：邪魔になった

※ get in the way of ～で、「～の邪魔になる、～の行く手をふさぐ」を表す。
EX. Watching TV too much is getting in the way of your studies.（テレビの見過ぎが勉強の邪魔になっていますよ）

⑪ **We're lost**：私たちは道に迷っている、途方に暮れている
※ be lostで「道に迷っている」の意味。

⑬ **Each time ～**：～するたび（ごと）に
※ each time（あるいは every time、whenever）～で「～するたび（ごと）に、～するときはいつも」の意味になる。
EX. Each time I see this picture, I remember the good old days.（この写真を見るたびに、古き良き時代を思い出します）

⑭ **no matter how ～**：どんなに～であっても
※「no matter ＋疑問詞」で「たとえ～であっても」の意味になる。
EX. No matter where I go, I will never forget your kindness.（たとえどこに行こうと、あなたのご親切は決して忘れません）

⑯ **carry on**：続ける

Singing Tips
上手に歌うために！

> Both afraid to say we're just too far away

音の脱落
音が消えるのも英語の特徴！

　英語では、子音同士がつながる場合に音が消えることがよくあります。自然な発音で特によく消えてしまうのが、今回学習した閉鎖音の、/p/、/t/、/k/と、そのペアになる /b/、/d/、/g/ です。今回の課題曲、***This Masquerade*** でその例を見てみましょう。

第2連　7、9行目
Both afraid to say we're just too far away
　　　　↑　　　　　　　　↑
（afraidの/d/、justの/t/の音が消える）

We tried to talk it over　（triedの/d/の音が消える）

　これらは閉鎖音が2つ連続する場合です。連続する2つの閉鎖音は、ごくゆっくりとであれば発音できるかもしれませんが、普通の話し方や速いスピードでは、前の方の閉鎖音が消えて後の閉鎖音だけが残ります。

　そのほかにも、元の音が消える例として、次のようなものが歌詞の中に見られます。前後につながる2つの子音のうち、前の閉鎖音が消えることに注目してください。

第1連　4行目
but not finding　（butの/t/の音が消える）

Singing Tips
上手に歌うために！

第2連　10〜11行目

But the words got in the way（Butの /t/ の音が消える）

We're lost inside this lonely game we play

（insideの /d/ の音が消える）

第3連　15行目

To understand the reason（understandの /d/ の音が消える）

　このように、音が脱落して消えてしまう現象も英語の特徴の1つです。歌って慣れて身につけていきましょう。

Key Points

With this lonely game we play

With thisの部分ではWithの語尾のthの音 /ð/ は脱落します。Withとweの /w/ の音は、円唇にすることを忘れずに、きちんと唇を丸めて歌いましょう。

We tried to talk it over / But the words got in the way

talk it overもgot inもひと続きに発音しますが、米国発音では、フレーズ中で母音に前後を挟まれた /t/ の音（itの /t/、gotの /t/）が「ラ行」や「ダ行」に近い音に変化し、それぞれ「トーキロウヴァ」や「トーキドウヴァ」、「ガリン」や「ガディン」のようになります。

Each time I see your eyes

your eyesは、つなげて歌う場合には、yourの末尾の子音 /r/ とeyesの最初の二重母音 /aɪ/ をつなげ、/jɔːraɪz/「ヨーライズ」のようにします。

母音編

Looking for the right words to say
/lúkɪŋ/   /seɪ/

/ʊ/ は「ウ」と「オ」の中間のような音です。日本語の「ウ」とは異なりますので注意しましょう。/eɪ/ は二重母音です。これまでに学んだものと同様、最初の母音を強調するつもりで発音します。

/ʊ/ /ʊ/ は「ウ」と「オ」の中間のような音に聞こえます。唇を丸め「オ」の口の形を作り、その口の開き方で短く「ウ」と発音します。

/eɪ/ /eɪ/ は、前の母音 /e/ を少し強調するつもりで長めに発音してください。/ɪ/ は「イ」と「エ」の中間ぐらいの音で軽く添えます。/aɪ/ のときと同様に、二重母音では前の母音はアクセントを置いて長めに、後の母音は添えるつもりで短く軽く発音しましょう。

> /ʊ/ は「ウ」と「オ」の中間音。唇を丸め「オ」の口の形のまま「ウ」と発音。
> /eɪ/ の音は、/e/ を長めに、/ɪ/ は短く軽く添える。

応用例

good /gʊd/ （良い）　　**book** /bʊk/ （本）　　**wood** /wʊd/ （材木）　　**woman** /wʊ́mən/ （女性）

cake /keɪk/ （ケーキ）　　**great** /greɪt/ （偉大な）　　**safe** /seɪf/ （安全な）　　**save** /seɪv/ （〜を救う）　　**day** /deɪ/ （日）

The good-looking woman putting sugar in her tea is
　　　　/ʊ/　　/ʊ/　　　/ʊ/　　　　/ʊ/　　　/ʊ/
reading a book about cooking a pudding.
　　　　/ʊ/　　　　/ʊ/　　　　/ʊ/
（紅茶に砂糖を入れているその美しい女性は、プディングの料理についての本を読んでいる）

The rain in Spain stays mainly in the plain.
　　　/eɪ/　　　/eɪ/　　/eɪ/　　/eɪ/　　　　/eɪ/
（スペインの雨は主に平原に降る）

この音をマスター！　　　　　　　　　Pronunciation Focus

子音編

With this lonely game we play /
　　　　　　　　　　　　　　　　　/pleɪ/
From being close together from the start
/kloʊs|kləʊs//təɡéðər|təɡéðə/

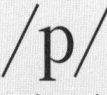

> /p/ と /t/ と /k/ は、いずれも閉鎖音（破裂音）と呼ばれる音で、日本語と異なり、語頭では勢いよく息を伴って発音されます。これらは無声音（声帯が振動しない音）で、これらとペアになる有声音（声帯が振動する音）が、/b/ と /d/ と /ɡ/（p.96）です。

/p/
/t/　　語頭の /p/ と /t/ と /k/ は、いずれも発音するときに勢いよく息が伴います。
/k/
　/p/ は、両唇を閉じ、息を一気に破裂させるようにして出します。
　/t/ は、舌の先を上の歯茎に当てて、息を一気に破裂させるように出します。
　/k/ は、舌の後ろの方（付け根側）を軟口蓋（上あごの奥の柔らかい部分）に当てて、息を一気に破裂させるように出します。

> 語頭の /p/ と /t/ と /k/ は、ためた息を勢いよく破裂させて発音。

応用例

pen /pen/（ペン）　**tea** /tiː/（紅茶）　**key** /kiː/（鍵）

play /pleɪ/（遊ぶ）　**try** /traɪ/（～を試す）　**cry** /kraɪ/（叫ぶ）

Peter Piper picked a peck of pickled peppers.
/p/　　/p/　　/p/　　　/p/　　　/p/　　　/p/
（ピーター・パイパーはたくさんの唐辛子のピクルスを取った）

Talking over a cup of tea is not really my cup of tea.
/t/　　　　　　/k/　/t/　　　　　　　　　　/k/　　/t/
（紅茶を飲みながら話すのはあまり好きではありません）

Column　英語の響きと音楽性

　　が英語の音声に興味を持つようになったのには、大きなきっかけが2
私 つあります。1つ目は、幼いころ聞いた英語の響きが心地よく、格好
よく聞こえたことです。英語の歌の意味も分からないまま、子ども心に、将
来あんなふうに歌えたらいいな、外国の人と英語で話ができたらいいな、な
どと考えていたことを思い出します。2つ目は、長じてシェイクスピアのド
ラマに接したことです。シェイクスピア劇のせりふを聞いていると(もち
ろん意味は分からないままでしたが)、英語の持つ流麗な響きがとても美し
く快く、英語はとても音楽的な言語ではないか、と感じたのです。
　音楽では音の高低がリズムに沿ってメロディーを作っていくように、言
語では声の高低とその言語の持つリズムとによって、言語のいわば音楽性
が形作られます。シェイクスピアのドラマを見て、私はそのような英語の
音楽性に魅せられたのでした。

　数年前の晩夏にイギリスを訪れた際にも、同様の体験をしたことがあり
ます。旅の最終日、滞在していたストラトフォード・オン・エイヴォン(シ
ェイクスピアの生誕地)で、たまたまイギリスの名優リチャード・パスコ
夫妻による朗読会があると聞きつけました。リチャード・パスコはシェイ
クスピア劇を通じて大好きになった俳優でしたので、慌てて帰国を延ばし
て聴きに行きました。イギリスでは、このような詩の朗読会が催されるこ
とも多く、まるで小さなコンサートのような雰囲気の中で老若男女が朗読
を楽しみます。この日は、*Adlestrop* という詩で有名な英国詩人エドワー
ド・トマスの詩の朗読会でしたが、ここでもその詩の響き——強勢リズム
とイントネーション(音調すなわち声の高低)によって生み出される音楽
的な響き——に聴きほれてしまいました。

　朗読や音読という行為においては、個々の異なる母音や子音を準備し、音
の高さや長さや強さを調整し、音色を整え、リズムやイントネーションや
ポーズをコントロールするという、まるでオーケストラのスコアのように
多くの複雑な作業を同時に行っています。ぜひ皆さんも本書で取り上げた
歌を、歌って、音読して、自然な英語音声を身につけていってくださいね。

Song 8

Autumn Leaves

Music by Joseph Kosma
Lyrics by Jacques Prévert and Johnny Mercer

作曲／ジョゼフ・コスマ
作詞／ジャック・プレヴェール、ジョニー・マーサー（英詞）
1947年

枯葉

「枯葉」は、ジョゼフ・コスマの曲にジャック・プレヴェールが詞を付けたシャンソンのスタンダード・ナンバー。1946年のフランス映画『夜の門』の主題歌として、映画にも出演したイブ・モンタンが歌った。英語の歌詞はジョニー・マーサーによる。現在ではスタンダード・ジャズの楽曲としても、ナット・キング・コール、フランク・シナトラ、サラ・ヴォーンらの歌手や、ビル・エバンス、オスカー・ピーターソン、キャノンボール・アダレイ、スタン・ゲッツなど数多くの演奏家に取り上げられている。イージー・リスニングとしても広く聞かれ、アメリカでは、ロジャー・ウィリアムスのピアノ演奏が一世を風靡した。

Autumn Leaves

AUTUMN LEAVES
Lyrics by Jacques Prévert
Music by Joseph Kosma
English lyrics by Johnny Mercer
©1947 ENOCH & Cie, Paris
English lyrics ©1950 Ardmore Music Corp. (U.S.A.)

The falling leaves
Drift by the window
The autumn leaves of red and gold
I see your lips,
⁵ The summer kisses
The sun-burned hands I used to hold

Since you went away
The days grow long
And soon I'll hear
¹⁰ Old winter's song

But I miss you
Most of all, my darling
When autumn leaves start to fall

枯葉

作曲／ジョゼフ・コスマ
作詞／ジャック・プレヴェール
　　　ジョニー・マーサー（英詞）
1947年

落葉が

窓辺に吹き寄せられる

赤や金色に輝く秋の枯葉が

目に浮かぶのはあなたの唇

夏のくちづけ

何度も握りしめた日焼けした手

あなたが去ってしまってから

日々は長くなり

まもなく聞くことだろう

昔ながらの冬の歌を

でもあなたがいなくてとてもさびしい

あなたがいなくて

とりわけ枯葉が舞い始める季節になると

Words & Phrases

①**falling leaves**：(今ちょうど) 木から落ちている葉
※「すでに地面に落ちている葉」は fallen leaves で表す。3行目の autumn leaves は「秋になって色づいた葉、紅葉」。

②**Drift**：(風などで) 運ばれて積もる、吹き寄せられる

⑥**sun-burned**：日に焼けた

⑥**used to ～**：(以前は) よく～した
※「used to ＋動詞の原形」で「(以前は) よく～した」の意味になる。used to の発音は /júːstə/。よく似た形の be used to ～は「～に慣れている」という意味なので、混同しないように注意。
EX. I used to sing "Autumn Leaves" when I was in Paris. (パリにいたころにはよく「枯葉」を歌ったものです)

⑥**hold**：～を握る、つかむ

⑦**Since**：～して以来
※ since には「～してから、～以来」のほかに、「～なので」の意味もある。

⑦**went away**：立ち去った
※ go away で「立ち去る」を表す。
EX. If you go away, I'll be at a loss. (もしあなたが遠くに行ってしまったら、私は途方に暮れてしまうでしょう)

⑧**grow long**：次第に長くなる
※「grow ＋形容詞」で「だんだん～になる、～へと変わっていく」を表す。

⑪**miss**：～がいなくてさびしく思う

⑫**Most of all**：とりわけ、こよなく
EX. I love sweet German white wine most of all. (私はとりわけドイツの甘い白ワインが好きです)

Singing Tips
上手に歌うために！

Since you went away / But I miss you

音のつながり その2
音がつながり変化する！

上の歌詞の **Since you** の部分は音がつながって、/sɪnsju:/ から /sɪnʃu:/ という発音に、また同様に **miss you** も音がつながって、/mɪsju:/ から /mɪʃu:/ という発音になることがよくあります。*Autumn Leaves* の名盤とされているナット・キング・コール盤でもこのように歌われています。

Since you	/sɪnsju:/ ➡	/sɪnʃju:/ ➡	/sɪnʃu:/
miss you	/mɪsju:/ ➡	/mɪʃju:/ ➡	/mɪʃu:/

同じように音がつながって変化する現象には、ほかにも例えば次のようなものがあります。

bless you	/blesju:/ ➡	/bleʃu:/
this year	/ðɪsjɪər|ðɪsjɪə/ ➡	/ðɪʃɪər|ðɪʃɪə/
don't you	/dountju:|dəuntju:/ ➡	/dountʃu:|dəuntʃu:/
need you	/ni:dju:/ ➡	/ni:dʒu:/
is your	/ɪzjɔ:r|ɪzjɔ:/ ➡	/ɪʒɔ:r|ɪʒɔ:/
this show	/ðɪsʃou|ðɪsʃəu/ ➡	/ðɪʃou|ðɪʃəu/
of course	/əvkɔ:rs|əvkɔ:s/ ➡	/əfkɔ:rs|əfkɔ:s/
have to	/hævtə/ ➡	/hæftə/
has to	/hæztə/ ➡	/hæstə/

Singing Tips
上手に歌うために！

　このように、隣り合う 2 つの語が出合うところで、音がつながり変化することを「同化（assimilation）」と言います。歌や会話の際など、特に自然な発話スピードで話される場合にはよく起こる現象なので、*Autumn Leaves* でマスターしてしまいましょう。

Key Points

The autumn leaves of red and gold

The は後ろの autumn が母音で始まるため /ði/ と発音します。なお the には強形と弱形があり、強形は /ði:/、弱形は /ði/（母音の前）または /ðə/（子音の前）です。red and gold は連結する際、and の末尾の /d/ が脱落し /redəngould/「レダンゴウゥド」のようになりますが、red で一度区切ってもかまいません。

Since you went away

went away は丁寧に歌うと「ウェンタウェイ」ですが、米国発音では、「ウェンラウェイ」や「ウェンダウェイ」のようになることが多く、さらにそれが「ウェナウェイ」となることがあります（p. 42 の 3 〜 6 行目参照）。twenty が「トゥウェニ」に聞こえるのも同様の現象です。

And soon I'll hear

soon I'll では soon と I'll とをつなげ、また I'll の /l/ は「暗い /l/」で発音します。「スーナイゥ」のようなつもりで歌ってみましょう。

Old winter's song

Old winter をつなげる際、Old の /d/ が脱落します。winter の /w/ は唇を丸めましょう。winter は、Since you went away の went away と同様の現象により、しばしば「ウィンラー」「ウィンダー」または「ウィナー」のようになります。

Song 8
Pronunciation Focus

この音をマスター！

母音 編

The falling leaves　Drift by the window /
　　　　/fɔ́ːlɪŋ/
And soon I'll hear　Old winter's song
　　　　　　 /hɪər | hɪə/

/ɔː/ の音は、唇を丸めた「オー」の発音です。/ɪər | ɪə/ の音は二重母音なので、最初の母音を強調するつもりで発音します。

/ɔː/ 　　/ɔː/ は、唇を丸めて「オー」と発音しましょう。horse/hɔːrs/ や shore/ʃɔːr/ など、つづりに r が入る場合は、米国発音では「オー」の直後に舌を丸めてそらすようにしますが、英国発音では「オー」のままです。

/ɪər | ɪə/ 　　/ɪər | ɪə/ は、前の母音 /ɪ/ を少し強調するつもりで発音しましょう。この音は「イ」と「エ」の中間ぐらいに聞こえる音です。続く /ər/ は舌の先を丸めて後ろにそらすようにして発音しましょう。ただし英国発音では、舌を丸めたりそらしたりしません。

/ɔː/ の音は、唇を丸めて「オー」と発音。
/ɪər | ɪə/ の音は、前の母音 /ɪ/ を強調するつもりで発音。

応用例

sauce /sɔːs/（ソース）　**salt** /sɔːlt/（塩）　**pour** /pɔːr|pɔː/（〜を注ぐ）
deer /dɪər|dɪə/（シカ）　**dear** /dɪər|dɪə/（親愛な）　**tear** /tɪər|tɪə/（涙）

All the world's a stage, and all the men and women merely players.
　/ɔː/　　　　　　　　　　/ɔː/　　　　　　　　　　　　/ɪər | ɪə/
（この世界はすべてこれ一つの舞台、人間は男女を問わずすべてこれ役者にすぎぬ☆）

"I hear a herd of deer and reindeer appears near here every year."
　　/ɪər | ɪə/　　/ɪər | ɪə/　　　/ɪər | ɪə/　/ɪər|ɪə//ɪər|ɪə/　　/ɪər | ɪə/
"Oh, dear!"（「シカとトナカイの群れが毎年この近くに現れるそうだ」「おやおや！」）
　　/ɪər | ɪə/

この音をマスター！　Pronunciation Focus

子音編

The autumn leaves of red and gold /
　　　　　　　　　　　　　　/red/　　/goʊld | gəʊld/
The sun-burned hands I used to hold
　　　/bəːrnd | bəːnd/ /hændz/　　　　　/hoʊld | həʊld/

/b/ /d/ /g/ の音は、/p/ /t/ /k/ とそれぞれ有声音・無声音のペアになる音です。/h/ の音は、ため息をつくときのような音です。

/b/
/d/
/g/
/h/

　/b/ と /d/ と /g/ は、/p/ と /t/ と /k/ と、有声音・無声音のペアになる閉鎖音（破裂音）です。

　/b/ は両唇を閉じて、/d/ は舌の先を上の歯茎に当てて、/g/ は舌の後ろの方（付け根側）を軟口蓋（上あごの奥の柔らかい部分）に当てて声を出してください。語頭の /p/、/t/、/k/ の場合に顕著だった息の音は伴いません。

　/h/ の音は、ため息をつくときの強い息の音の部分です。「ハ」「ヘ」「ホ」の音をのどの奥からゆっくりと出したときの最初の息の部分がそれに該当します。口の中の上あごの部分全体に息が当たることを確認しましょう。

> /b/ と /d/ と /g/ の音は、息を伴わない。
> /h/ の音は、ため息をつくときの強い息の音。

応用例

beauty /bjúːti/（美）　**dawn** /dɔːn/（夜明け）　**good** /gʊd/（良い）
bless /bles/（〜を祝福する）　**dry** /draɪ/（乾燥した）　**grow** /groʊ|grəʊ/（成長する）
house /haʊs/（家）　**high** /haɪ/（高い）　**haze** /heɪz/（かすみ）

At dawn of day a beautiful horse stood near the big house in
　　/d/　　　/d/　　/b/　　　　/h/　　　　/d/　　　/b/ /g/ /h/
the wood against the dark blue sky with a haze of gold.
　　　/d/ /g/　　　/d/　　/b/　　　　　　/h/　　　/g/ /d/

（1頭の美しい馬が、夜明けに森の中の大きな家の近くで、金色のかすみに覆われた暗い青空を背景に立っていた）

Column 世界のジャズ・フェスティバル

　毎年のようにアメリカで、ヨーロッパで、世界のあちこちで、多くの大規模なジャズ・フェスティバルが開催されており、ジャズ愛好家にとっては見逃せないイベントとなっています。
　本場アメリカでは大小さまざまなジャズ・イベントが行われますが、中でもニューポート・ジャズ・フェスティバル、モントレー・ジャズ・フェスティバル、シカゴ・ジャズ・フェスティバル、ニューオーリンズ・ジャズ・アンド・ヘリテージ・フェスティバルは、それぞれに特色のある大きなジャズの祭典として有名です。
　カナダのモントリオール国際ジャズ・フェスティバルやバンクーバー国際ジャズ・フェスティバルも、多くの著名なジャズ・ミュージシャンが集う大規模な祭典です。

　ヨーロッパのジャズの祭典として名高いのが、モントルー・ジャズ・フェスティバルとノース・シー・ジャズ・フェスティバルです。
　モントルー・ジャズ・フェスティバルは、スイスのジュネーブ湖（レマン湖）東岸の町モントルーで、毎年7月初旬から16日間開催されます。モントルーはジュネーブ湖畔の保養地で、スイスのリビエラ（地中海沿岸の保養地）とも呼ばれています。イギリスの詩人バイロンの詩『シヨンの囚人』で有名なシヨン城も近くにあります。
　オランダのノース・シー・ジャズ・フェスティバルも、世界的なジャズ・フェスティバルです。北海に面したハーグで1976年から開催されてきましたが、2006年以降、開催場所が現在のロッテルダムに移りました。

　また2010年からはキュラソー・ノース・シー・ジャズ・フェスティバルが、カリブ海のオランダ領アンティル諸島のキュラソー島で開催されています。その港町ウィレムスタッドの町並みは世界遺産に登録されています。
　アメリカのニューポート・ジャズ・フェスティバルとモントレー・ジャズ・フェスティバル、そしてスイスのモントルー・ジャズ・フェスティバルは、「世界三大ジャズ・フェスティバル」と呼ばれています。

Song 9
Moon River

Music and Lyrics by Henry Mancini and Johnny Mercer

作曲／ヘンリー・マンシーニ
作詞／ジョニー・マーサー
1961年

ムーン・リバー

*Moon River*は、オードリー・ヘップバーン主演の1961年の映画『ティファニーで朝食を（*Breakfast at Tiffany's*)』の主題歌で、映画の中ではオードリー・ヘップバーン本人が歌っている。ヘンリー・マンシーニとジョニー・マーサーのコンビは、この曲で、アカデミー賞およびグラミー賞を受賞。このコンビからは、このほかにもSong 5の *The Days of Wine and Roses*（酒とバラの日々）や、*Charade*（シャレード）などのヒット曲が生まれている。アンディ・ウィリアムスによる歌唱などポピュラー・ナンバーとして有名であるが、ジャズのレパートリーとしても多くの歌手に取り上げられている。 ちなみに、曲名にもなっているMoon Riverのモデルは、作詞者であるジョニー・マーサーの故郷の川であると言われている。

Song 9

Moon River

MOON RIVER
Words by Johnny Mercer
Music by Henry Mancini
©Copyright by Sony/ATV Harmony
The rights for Japan licensed to Sony Music Publishing (Japan) Inc.

Moon River, wider than a mile

I'm crossin' you in style some day

Old dream maker, you heartbreaker

Wherever you're goin', I'm goin' your way

5 Two drifters off to see the world

There's such a lot of world to see

* We're after the same rainbow's end

Waitin' round the bend

My huckleberry friend

10 Moon River and me

ムーン・リバー

作曲／ヘンリー・マンシーニ
作詞／ジョニー・マーサー
1961年

ムーン・リバー　はるかなる川

いつか君を堂々と渡ろう

君は昔から夢をいだかせ　悲しみも与える

君がどこに行こうとも、私はついて行く

ふたりの放浪者が世界を見に出かける

こんなにも多くの見るべき世界がある

同じ見果てぬ夢を追い求める私たち

近くで待っている

私の懐かしい幼なじみ

ムーン・リバーと私

Words & Phrases

①**a mile**：かなりの距離
※文字通りには「1マイル（約1.6キロメートル）」を指すが、ここでは川幅が広いことを表す。なお、「相当な距離や程度」を表す用法（通常複数形）もある。

②**I'm crossin'〜**：私は〜を横切る（＝**I'm crossing**）
※crossは「〜を横切る、渡る」。現在進行形は、「現在進行中の動作」だけでなく、「確定的な未来」や「強い決意」を表すことができ、ここではその意味で使われている。
EX. I'm staying here in this town until the matter is settled.（その問題が解決するまで私はこの町にいます）

②**in style**：堂々と、すばらしく
※in great style または in grand style とも言う。
EX. All the teams participating in the athletic meet were marching in style.（運動会に参加したチームはすべて堂々と行進していた）
He always dresses in style.（彼の着こなしはいつもあか抜けています）

②**some day**：いつか
※未来の「いつか」を表し、somedayと1語で表記されることもある。

EX. Some day in the near future the time will come when we will be able to go outside the solar system.（いつか近い将来、私たちが太陽系の外に出られるときがやってくるでしょう）

④**goin'**：向かっている（＝**going**）

⑤**drifters**：放浪者たち

⑥**There's〜**：〜がある（＝**There is〜**）

⑦**rainbow's end**：かなえられない夢
※文字通りには「虹の端」。「行っても行ってもたどり着けない」ことから、この意味で使われる。

⑧**Waitin'**：待っている（＝**Waiting**）

⑧**round the bend**：角を曲がって、近くに
※ほかに「気が変になって、いらいらして」という意味もある。

⑨**huckleberry**：ハックルベリー
※ブルーベリーと同じ種類の果実。my huckleberry friend は、作詞者が故郷で一緒にハックルベリーを摘み取って遊んだ幼なじみのこととも解釈できる。

Singing Tips
上手に歌うために！

> **Moon River, wider than a mile /**
> /nə/
> **Wherever you're goin'/**
> /re/
> **There's such a lot of world to see**
> /tʃə/   /tə/   /t/

音のつながり その3
つながる前後の音に慣れよう！

　Song 4 の *Fly Me to the Moon* では、隣り合う前後2つの語が出合うところで、前の語の最後の子音と、後の語の最初の母音とがつながって、1つの音のように発音されることを学びました。今回の *Moon River* でも、英語でよく現れる音のつながりをさらに確認しましょう。

　than a mile は英語でよく耳にする「/n/ ＋母音」の音のつながりの例です。同様に **such a** も **lot of** も下線部がつながって1音のように発音されます。ただし、**lot of** では /t/ の音を発音するときに舌を一度歯茎のところではじいて音を出すので、「ラ」や「ダ」のように聞こえます（p.41）。

　また歌詞の4行目の冒頭の **Wherever**（where ＋ ever）では、下線部分は /r/ と /e/ の音がつながり /re/ の発音となります。この「/r/ ＋母音」の音のつながりも英語ではよく見られます。**for example**（例えば）や **far away**（はるか遠くに）なども同じ例です。

　なお、**world to** のところでは、つながった前の方の音 /d/ が消えてしまいます。**world** の /d/、**to** の /t/ と閉鎖音が連続しますので、前の方の閉鎖音 /d/ が脱落して消えてしまうのでしたね（p.83）。

Singing Tips
上手に歌うために！

　ところで、8行目の **Waitin'** の語尾 **-in'**（-ing の縮約形）の発音は、/ɪn/ または /ən/ ですが、ここでのような **-tin'** の場合、しばしば /-tn/ の音になります。この音は /-dn/ とともに鼻にかかる音で、また日本語にない「子音連続」のため、日本人学習者は習得に苦労するようです。この /-tn/ と /-dn/ の発音は、舌先を歯茎に付けたまま、鼻から息（/t/ の場合）または声（/d/ の場合）を出し、すぐに /n/ を添えます。cotton や written、sudden や hidden などの語尾の音もこの発音になるので、こうした語で練習してみましょう。

Key Points

Old dream maker
Old の語頭の二重母音 /oʊ/ ははっきりと発音しましょう。dream の /d/ と /r/ の間に余計な母音を入れ「ドリーム」としないように注意。dream maker は下線部に同じ /m/ の音が続くため、dream の語末の /m/ は脱落します。

Two drifters off to see the world
Two は唇を突き出し気味にして発音しましょう。drifters は /d/ と /r/ の間に余計な母音を入れないように。drifters off の下線部分は音をつなげて、後半を「ゾフ」のようにすることもできますが、off の前で区切って歌ってかまいません。drifters と off の /f/ は必ず上の歯を下の唇に当ててください。to see の to は弱形の /tə/ または /tu/ となります。

Waitin' round the bend
Waitin' は「ウェイリン」「ウェイディン」（歯茎のところで1回だけ舌をはじく発音）、または「ウェイティン」のいずれも OK ですが、上でも述べたように、Waitin' の語尾 -tin' は /-tn/ となることもよくあります。その場合、舌先を歯茎に付けたまま、鼻から息を出し、すぐに /n/ を添えます。round の語末の子音 /d/ は脱落します。

Song 9

Pronunciation Focus

この音をマスター！

母音編

Old dream maker, you heartbreaker
/juː/ /hɑ́ːrtbrèɪkər | hɑ́ːtbrèɪkə/

/uː/ は、日本語の「ウー」とは異なり、唇を突き出すくらいに丸めて発音します。/ɑːr | ɑː/ は、米国発音と英国発音とでは最後の音の響きが異なり、米国発音ではつづりに含まれるrの響きが入ります。

/uː/ /uː/ は、唇を小さく丸め、突き出すようにして「ウー」と発音します。

/ɑːr | ɑː/ /ɑːr/ は、大きく口を開けてのどの奥から出す「アー」で、最後に舌の先を軽く丸めそらすようにしてrの響きを入れます。なお、英国発音 /ɑː/ では「アー」と伸ばすだけでrの響きは入りません。

/uː/ は、唇を小さく丸めて突き出すようにして「ウー」と発音。
/ɑːr/ は、大きく口を開けた「アー」の最後で舌の先を軽くそらして発音。

応用例

do /duː/（〜をする）　**food** /fuːd/（食べ物）　**fruit** /fruːt/（果物）

far /fɑːr | fɑː/（遠い）　**star** /stɑːr | stɑː/（星）　**art** /ɑːrt | ɑːt/（芸術）

Two large larks in the large fruit garden are singing high
　/uː/　/ɑːr | ɑː/ /ɑːr | ɑː/　　　/ɑːr | ɑː/　　/uː/　/ɑːr | ɑː/
up in the blue sky in March.
　　　　　/uː/　　　　　/ɑːr | ɑː/
（広い果樹園の中で、2羽の大きなヒバリが、3月の青空を高く飛びながらさえずっている）

The artist in the charming saloon bar has a warm heart
　　/ɑːr | ɑː/　　　/ɑːr | ɑː/　　/uː/　/ɑːr | ɑː/　　　　/ɑːr | ɑː/
and cool head. （素敵なバーにいるその芸術家は温かい心と冷静さを持っている）
　　　/uː/

この音をマスター！ Pronunciation Focus

子音編

> **Moon River, wider than a mile**
> /muːn/ /ðən/ /maɪl/
> **I'm crossin' you in style some day**
> /aɪm/ /krǽsɪn | krɔ́sɪn/ /ɪn/ /sʌm/

/m/ も /n/ も鼻音と呼ばれる子音で、鼻から声が出ます。/m/ は日本語の「マ行」の出だし部分の子音、/n/ は日本語の「ナ」「ヌ」「ネ」「ノ」の出だし部分の子音です。

/m/ /m/ は、日本語の「マ行」の出だし部分の子音です。唇を閉じて鼻から声を出すつもりで発音します。

/n/ /n/ は、舌の先を上の歯茎に当てて発音しましょう。舌先が歯茎に当たらない日本語の「ン」とナ行の「ニ」は、実は /n/ の音ではありませんので注意が必要です。

> /m/ は、唇を閉じて発音。/n/ は、舌の先を上の歯茎に当てて発音。

応用例

many /méni/ (多くの) **make** /meɪk/ (〜作る) **meal** /miːl/ (食事)

nice /naɪs/ (良い) **know** /noʊ | nəʊ/ (〜を知る) **none** /nʌn/ (誰も〜ない)

so many moons of Saturn and such planets as Mercury,
/m/ /n/ /n/ /n/ /n/ /n/ /m/

Mars, Uranus, Neptune in the night sky
/m/ /n/ /n/ /n/ /n/ /n/

(夜空に浮かぶこんなにも多くの土星の衛星と、水星・火星・天王星・海王星のような惑星)

the new menu for a nice dinner using lemon, melon,
/n/ /n//n/ /n/ /n/ /m/ /n//m/ /n/

salmon, and lamb
/m//n/ /n/ /m/

(レモンとメロンと鮭とラム肉を使ったおいしい夕食の新メニュー)

Column　ジャズの発祥と展開

ジャズはいつごろどこで生まれ、どのように展開してきたのでしょうか。大ざっぱに年代を区切り、歴史を振り返ってみましょう。

草創期～1920年代

ジャズは20世紀初めにニューオーリンズで生まれた、黒人の民俗音楽と西洋音楽が融合した音楽です。オフビートのリズムと即興演奏がジャズの二大特徴と言われています。実は「ジャズ」という名前は当初はなく、この音楽がやがてシカゴに進出していく1910年代の半ばごろに生まれた呼び名です。このころ「南部」を意味するディキシーまたはディキシーランドの名を冠したジャズ・バンドが生まれ、白人によるバンドも現れます。

これ以後ジャズの中心地はシカゴに移り、さらに後にニューヨークに移ることになります。1920年代後半のシカゴで盛んだったジャズを、シカゴ・ジャズと呼びます。この時期はルイ・アームストロングが活躍し、ソロによる即興演奏が重視されるようになりました。

1930～1940年代

1930年代はデューク・エリントン、カウント・ベイシーなどのビッグ・バンド・ジャズの時代と言えます。またベニー・グッドマンはスイング感あふれるスイング・ジャズのスタイルを確立しました。1940年代はビバップが生まれ、発展した時代です。複雑なリズムを持つビバップは、ディジー・ガレスピーやチャーリー・パーカーらによって完成されたジャズ・スタイルで、スイング・ジャズに代わって流行し、モダン・ジャズの基礎となりました。

1950年代～今日

1950年代はモダン・ジャズが発展した時代です。マイルス・デイビス、セロニアス・モンク、ソニー・ロリンズらによって1950年代からモダン・ジャズは成熟期を迎え、さらにクール・ジャズ、ウエストコースト・ジャズ、ハードバップと展開しました。1960年代は、フリー・ジャズやモード・ジャズのスタイルの時代です。1970年代以降、ジャズは他ジャンルの音楽とも融合するなど多様化の時代を迎え、今日に至ります。

このような発展を経て、ジャズはアメリカを代表する文化の1つに成長してきたのです。

Song 10

When You Wish upon a Star

Music and Lyrics by Leigh Harline and Ned Washington

作曲／リー・ハーライン
作詞／ネッド・ワシントン
1940年

星に願いを

1940年のディズニー映画『ピノキオ（*Pinocchio*）』の挿入歌で、映画の中ではコオロギのジミニー・クリケット役のクリフ・エドワーズ（ウクレレ奏者・歌手）が歌った。同年度のアカデミー賞を受賞。スタンダード・ジャズの1曲として多くの演奏家に取り上げられており、ルイ・アームストロング、ジューン・クリスティ、マンハッタン・トランスファーなどのボーカルや、デイブ・ブルーベック、ビル・エバンス、キース・ジャレットらのピアノ演奏などが有名である。

Song 10

When You Wish upon a Star

WHEN YOU WISH UPON A STAR
Words by Ned Washington
Music by Leigh Harline
©1940 by BOURNE CO. (copyright renewed 1961)
All rights reserved. Used by permission
Rights for Japan administered by NICHION, INC.

When you wish upon a star
Makes no diff'rence who you are
Anything your heart desires
Will come to you

5 If your heart is in your dream
No request is too extreme
When you wish upon a star
As dreamers do

Fate is kind
10 She brings to those who love
The sweet fulfillment of
Their secret longing

Like a bolt out of the blue
Fate steps in and sees you thru
15 When you wish upon a star
Your dream comes true

星に願いを

作曲／リー・ハーライン
作詞／ネッド・ワシントン
1940年

星に願いをかけるとき

誰であろうと違いはないのです

心からの願いなら

何でもかなえられるでしょう

心に夢があるのなら

大きすぎる願いなどないのです

星に願いをかけるとき

夢見る人がするように

運命の女神は情け深く

愛する心を持つ人には

やさしくかなえてくれるのです

その心に秘めた願いを

青天の霹靂(へきれき)のように

運命の女神は立ち現れて　助けてくれるのです

星に願いをかけるとき

あなたの夢はかなうのです

Words & Phrases

①**wish upon ～**：～に願いをかける（＝ **wish on ～**）

②**Makes no diff'rence**：違いはない、問題ではない、かまわない（＝ **It makes no difference**）
※ difference は「違い、相違」という意味。また、ここでは主語の It が省略されている。「It makes no difference（＝ It doesn't make any difference）＋疑問詞」の形でよく使われ、「～しようとしまいと違いはない」を表す。
EX. It makes no difference to me whether you have an alpaca or an armadillo in the house.（あなたが家でアルパカを飼おうとアルマジロを飼おうと私はかまいません）
What's the difference?（どう違うんですか［どちらでもいいではないですか］？）

③**Anything**：何でも
※このように肯定文で使われる anything は、「何でも、どんなもの（こと）でも」という意味。同様に、any も肯定文では「どんな～でも、いかなる～でも」を表す。
EX. I will do anything I can for you.（君のためなら何でも力になるよ）
Any book will do as long as it is interesting.（面白ければどんな本でも結構です）

⑨**Fate**：運命、運命の女神

⑪**fulfillment**：成就、実現、達成
※動詞の形は fulfill（～を遂げる、果たす）。

⑫**longing**：あこがれ、切望

⑬**Like a bolt out of the blue**：青天の霹靂のように、突然、思いがけずに（＝ **Like a bolt from the blue**）
※ここでの bolt は「稲妻」、the blue は「青空」のこと。突然思いがけない出来事に遭遇したときの表現。like を付けずに、a bolt out of the blue だけで使うこともある。
EX. The news came like a bolt out of the blue.（その知らせは青天の霹靂だった）

⑭**steps in**：立ち寄る、介入する、乗り出す

⑭**sees you thru**：最後まで助ける、面倒を見る（＝ **sees you through**）

⑯**comes true**：（夢などが）実現する、かなう

Singing Tips
上手に歌うために！

> Like a bolt out of the <u>blue</u>
>
> Fate <u>steps</u> in and sees you <u>thru</u>

子音の連続に注意

母音を挟まないで英語らしく！

　巻頭のイントロダクションでも取り上げましたが、子音が2つ続くような「本来母音が入らないところに母音を入れない」発音は、英語らしさの大切なポイントの1つです。

　次のように子音と子音が連続する際、日本人学習者の発音では特に、母音の挿入が顕著に現れてしまいがちなので注意しましょう。

◎「/s/ +子音」の場合：**<u>s</u>moke**、**<u>s</u>tory**、**<u>s</u>creen**、**<u>s</u>weet**、**reque<u>s</u>t** など
◎「子音 + /l/ または /r/」の場合：**p<u>l</u>ay**、**f<u>l</u>y**、**t<u>r</u>y**、**d<u>r</u>ess** など

　歌詞でその具体例を確認しましょう。**blue** の /bl/、**thru** の /θr/ の場合、前者では /b/ と /l/ という子音が、後者では /θ/ と /r/ という子音が、それぞれ2つずつ連続しています。これらをカタカナで「ブルー」や「スルー」と表記することからも分かるように、私たちはつい /b/ を「ブ (/bu/)」のように、/θ/ を「ス (/su/)」のように、母音の /u/ を入れて発音しがちです。これまでも触れてきましたが、この母音 /u/ を除いて発音することで、グッと英語らしくなります。

　歌詞の中には、同様の箇所として、p.116でも取り上げる /tr/ を含んだ **ex<u>tr</u>eme**、**<u>tr</u>ue**、/dr/ を含んだ **<u>dr</u>eam** や **<u>dr</u>eamers** が出てきます。さらに、/fr/

Singing Tips
上手に歌うために！

を含む **diff'rence**、/br/ を含む **brings**、/kr/ を含む **secret** も登場します。
　いずれの場合も、前の子音と後ろの子音の間に間を置かないようにして一気に発音し、母音を入れないよう心がけましょう。今回の課題曲 *When You Wish upon a Star* のようにゆっくりとした曲は、「子音＋子音」の発音練習には絶好ですので、何度も歌って身につけてくださいね。

Key Points

The sweet fulfillment of

fulfillment には /f/ と /l/ がそれぞれ 2 カ所入っています。/f/ の方は必ず上の歯を下の唇に当てて発音しましょう。2 つの /l/ は、両方「暗い /l/」です。また fulfillment の末尾の /t/ が次の弱形の of /əv/ と連結するため、全体として「フゥフィゥメンロヴ」「フゥフィゥメンドヴ」または「フゥフィゥメノヴ」のようになります（p. 41 ～ 42 参照）。

Like a bolt out of the blue

Like a は連結し「ライカ」となります。bolt の二重母音 /oʊ/ ははっきりと発音し、out of は「アウラヴ」または「アウダブ」のように歌ってみましょう。続く the は、必ず舌の先を上の歯に当てて発音するようにしてください。

Fate steps in and sees you thru

Fate の末尾の /t/ は脱落気味になりますが、脱落させる場合も舌は上の歯茎に付けておくようにしましょう。steps in はつなげて「ステップスィン」のようにします。steps の st と ps の子音が連続する箇所は、それぞれ /s/ と /t/ の間、/p/ と /s/ の間に母音を挟まないようにしましょう。

Song 10
Pronunciation Focus

この音をマスター！

母音編

When you wish upon a star /
/əpán | əpɒ́n/
Anything your heart desires
/dɪzáɪərz | dɪzáɪəz/

/ɑ|ɒ/ は、米国発音と英国発音とで音が異なります。/aɪər|aɪə/ は三重母音と呼ばれ、母音が3つ並びますが、1音ずつ切らずに発音しましょう。

/ɑ|ɒ/ /ɑ|ɒ/ は、upon や longing、hot、box などに見られる母音で、発音が米国発音と英国発音とで異なります。米国発音では大きく口を開けのどの奥から声を出す /ɑ/ で、「ア」に近い音になります。英国発音は大きく口を開け唇を丸める /ɒ/ で、「オ」に近い音です。

/aɪər|aɪə/ /aɪər|aɪə/ は、最初の母音 /a/ を強調し、/ɪ/ は短く軽く「イ」と「エ」の中間くらいの音で発音して、最後に /ər|ə/ を添えます。1音ずつ切らずに一気に発音しましょう。英国発音ではrの響きを入れません。

> /ɑ|ɒ/ は、米国発音 /ɑ/ では大きく口を開けのどの奥から声を出す。
> 英国発音 /ɒ/ では大きく口を開け唇を丸めて発音。
> /aɪər|aɪə/ は、最初の母音 /a/ を強調するつもりで一気に発音。

応用例

God /gɑd|gɒd/（神）　**hot** /hɑt|hɒt/（熱い）　**college** /kɑ́lɪdʒ|kɒ́lɪdʒ/（大学）
fire /fáɪər|fáɪə/（火）　**hire** /háɪər|háɪə/（〜を雇う）　**choir** /kwáɪər|kwáɪə/（合唱団）

a box of chocolates and a lot of cotton candy for a potluck
　/ɑ|ɒ/　　/ɑ|ɒ/　　　　　　/ɑ|ɒ/　　/ɑ|ɒ/　　　　　　　/ɑ|ɒ/
party on a holiday（休日の持ち寄りパーティー用のチョコレート1箱とたくさんの綿菓子）
　　　　/ɑ|ɒ/

quiet and solemn music sung by the college choir
　/aɪə/　　　/ɑ|ɒ/　　　　　　　　　　/ɑ|ɒ/　　/aɪər|aɪə/
（大学の合唱団によって歌われる静かで荘重な音楽）

この音をマスター！ Pronunciation Focus

子音編

No request is too extreme /
/ɪkstríːm/
Your dream comes true
/driːm/ /truː/

/tr/ は /t/ と /r/ とが、/dr/ は /d/ と /r/ とが組み合わさった発音です。/t/ と /r/ の間、/d/ と /r/ の間につい「オ」などの母音を挟んで「トラ」「ドラ」などとしがちですので注意しましょう。

/tr/ /dr/

/tr/ も /dr/ も、舌の先を上の歯茎に当てて /t/ や /d/ を発音した瞬間に、次の /r/ を発音します。最初から唇を丸めて１つの音のように一気に発音するとよいでしょう。

このような子音の連続は日本語にないため、/t/ と /r/、/d/ と /r/ の間につい「オ」などの母音を挟んで「エクス<u>ト</u>リーム」「<u>ド</u>リーム」「<u>ト</u>ライ」「<u>ド</u>ライ」のようにしてしまいがちですが、これらの子音の間には母音を入れないように練習しましょう。

> /tr/ も /dr/ も、/t/ と /r/、/d/ と /r/ の間に母音を入れないように。

応用例

tree /triː/（木） **true** /truː/（真実の） **trip** /trɪp/（旅）

drive /draɪv/（ドライブ） **drum** /drʌm/（ドラム） **drill** /drɪl/（ドリル）

At last his childhood dream has come true.
　　　　　　　　　　　/dr/　　　　　　/tr/
（とうとう彼の子どものころの夢がかなった）

Children tried to go for a drive in the countryside to see the
/dr/　　/tr/　　　　　　/dr/　　　　　　　　/tr/
dreamlike wintry landscape.
/dr/　　　　/tr/
（子どもたちは田舎にドライブに出かけて、その夢のような冬景色を見ようとした）

Column　ジャズとクラシックのクロスオーバー

　ジャズとクラシックは、もちろんそのジャンルも歴史も異なりますが、それぞれのジャンルの作曲家や演奏家が、他方のジャンルに進出したり交流したりする例は意外に多く見受けられます。2つのジャンルの接点と言えそうな例をいくつか見てみましょう。

　クラシックの分野では、ジャズに興味を持ったり、自身のレパートリーとして取り上げたりする演奏家は多く見られます。ソプラノ歌手のキリ・テ・カナワやジェシー・ノーマンは、スタンダード・ジャズの名曲を録音しています。
　また、20世紀を代表するクラシック音楽のピアニストのひとりであるフリードリッヒ・グルダは、ジャズにも造詣が深く、自身でもジャズの作曲や演奏をこなし、J.J. ジョンソン、フィル・ウッズ、ジョー・ザヴィヌル、チック・コリアらとの共演盤も残しています。

　「ラプソディー・イン・ブルー」や「パリのアメリカ人」などで有名なアメリカの作曲家ジョージ・ガーシュインは、多くのジャズの名曲を残しましたが、同時にクラシックの作曲家としても認められていました。同時代のクラシックの作曲家たちから影響を受けたガーシュインは、あるときフランスの作曲家ラヴェルのもとに教えを請いに訪れた際に、「すでに一流のガーシュインがなにゆえ二流のラヴェルになりたいのですか？」とラヴェルに言われたというエピソードが伝えられています。

　今ではクラシック音楽の分野で指揮者、ピアニストとしても有名なアンドレ・プレヴィンは、最初そのキャリアをジャズ・ピアニストおよび映画音楽の作曲・編曲者としてスタートしました。映画音楽やジャズの世界で活躍するフランスの作曲家ミシェル・ルグランは、フォーレのレクイエムなどクラシック音楽のアルバムを録音したり、自作をクラシックの歌手と共演したりと多方面で活躍しています。
　ジャズもクラシックも音楽であることに変わりありません。ジャンルの垣根を取り払ったところから作曲や演奏の新しい可能性が生まれることもありそうですね。

Song 11

The Christmas Song

Music and Lyrics by Mel Tormé, Robert Wells

作曲&作詞／メル・トーメ、ロバート・ウェルズ
1945年

ザ・クリスマスソング

The Christmas Song は、真夏の暑さをやわらげようとロバート・ウェルズが何気なく書きつけておいた冒頭の歌詞4行をメル・トーメが見つけ、ピアノを前にわずか数十分で一緒に作り上げた曲として知られている。

クリスマスソングの定番として、またスタンダード・ジャズの名曲としてジャンルを問わずいろいろな歌手や演奏家によって取り上げられているが、メル・トーメ本人やナット・キング・コールの歌唱は名盤として有名である。

The Christmas Song

THE CHRISTMAS SONG
Words by Mel Torme, Robert Wells
Music by Mel Torme, Robert Wells
©1946 by CHAPPELL-MORRIS LTD.
All rights reserved. Used by permission.
Print rights for Japan administered by YAMAHA MUSIC PUBLISHING, INC.

Chestnuts roasting on an open fire
Jack Frost nipping at your nose
Yuletide carols being sung by a choir
And folks dressed up like Eskimos
5 Everybody knows a turkey and some mistletoe
Help to make the season bright
Tiny little tots with their eyes all aglow
Will find it hard to sleep tonight

They know that Santa's on his way
10 He's loaded lots of toys and goodies on his sleigh
And every mother's child is gonna spy
To see if reindeer really know how to fly

And so I'm offering this simple phrase
To kids from one to ninety-two
15 Although it's been said many times, many ways
Merry Christmas to you

ザ・クリスマスソング
作曲&作詞／メル・トーメ、ロバート・ウェルズ
1945年

栗の実が暖炉の火で焼かれ

冬将軍が鼻を凍らせる

クリスマスキャロルが聖歌隊によって歌われ

人々はエスキモーのように身支度をする

誰もが知っている　七面鳥とヤドリギが

この季節を明るく楽しいものにしてくれることを

目を輝かせた小さな子どもたちは

今夜はなかなか眠れないだろう

彼らは知っている　サンタがこちらに向かっていることを

サンタはたくさんのおもちゃやお菓子をそりに積み込み

子どもたちは皆そっと確かめるつもりだ

トナカイが本当に飛び方を知っているのかを

だから私はこの単純なフレーズを捧げよう

1歳から92歳までの子どもたちに

今まで何度もいろいろな言い方で言われてきたけれども

メリークリスマス

※上記の訳には、現在では人権上の配慮に欠けていると思われる表現が含まれていますが、
　英語の原詞を尊重した日本語表現にしています。

Words & Phrases

①**Chestnuts**：栗

②**Jack Frost**：霜、冬将軍、厳寒
※霜を擬人化した表現。子どもに向かって話す際などによく使われる。

②**nipping at ～**：～を凍えさせる
※nip は「(寒さなどが) 肌を刺す、身にしみる」という意味。

③**Yuletide**：クリスマスの季節

③**carols**：クリスマスキャロル、聖歌

⑤**mistletoe**：ヤドリギ

⑥**make the season bright**：この季節を明るいものにする
※「make + A（目的語）+ B（形容詞などの補語）」は「A を B にする」。
EX. The best thing in the world is to make people happy.（世の中で最もすばらしいことは、人を幸せにすることだ）

⑦**tots**：子どもたち

⑦**with their eyes all aglow**：目を大いに輝かせて
※aglow は「(うれしさや興奮で) 輝いた」という意味の形容詞。all は「すっかり、全く」といった意味。また、ここでの with の用法は「付帯状況」と呼ばれるもので、「with + A + B」の形で、

「A を B の状態にして」を表す。
EX. She entered the room with tears in her eyes.（彼女は目に涙を浮かべて部屋に入ってきた）

⑧**find it hard to ～**：～するのが難しいと分かる
※it はすぐ後ろの to 以下を受ける形式目的語で、「それ」とは訳さない。
EX. Once you get into a bad habit, you will find it hard to get out of it.（いったん悪い習慣がつくとなかなか抜けない）

⑨**on his way**：向かう途中で
※on one's way や on the way は「途中で」という意味。
EX. On the way to Vienna, we stopped off in Paris.（ウィーンに行く途中でパリにちょっと立ち寄った）

⑩**He's loaded ～**：彼は～を積み込んだ（= He has loaded ～）
※load は「(荷物など) を載せる、積み込む」の意味。

⑩**goodies**：(子どもたちに渡す) お菓子
※goody は通常「ごちそう」を表すが、ここでは上記の意味で使われている。

⑩**sleigh**：そり

⑫**reindeer**：トナカイ（ここでは複数形）
※reindeer は単数も複数も同じ形。

Singing Tips
上手に歌うために！

> <u>Ch</u>estnu<u>ts</u> roasting on an open fire
> <u>J</u>ack Frost nipping at your nose /
> To <u>k</u>ids from one to ninety-two

下線部を含む語の発音記号はp.126に掲載されています。

似た発音は記号で区別

記号の違いは発音の違い！

　p.126 の Pronunciation Focus では /tʃ/ と /dʒ/、/ts/ と /dz/ を取り上げますが、/tʃ/ は /t/ と /ʃ/、/dʒ/ は /d/ と /ʒ/、また /ts/ は /t/ と /s/、/dz/ は /d/ と /z/ を組み合わせた記号になっています。ただしこれらは、いずれも１音のように発音しましょう。

　/tʃ/ と /dʒ/、/ts/ と /dz/ はいずれも当てていた舌を離す瞬間に出す音なので、引き伸ばして発音できません。それに対し /ʃ/ と /ʒ/、/s/ と /z/ では、いずれも舌は歯茎の後ろの部分や歯茎には接触しませんので、これらは引き伸ばして発音できる音です。

　発音するときの注意点をまとめると次のようになります。対になる前者が無声音、後者が有声音です。

/tʃ/ と /dʒ/	舌の先を上の歯茎の後ろの方に当てて発音。「チュ」「ヂュ」の出だしの子音。 **EX.** chance、picture、rich / judge、major、pigeon 　　　/tʃ/　　　/tʃ/　　　/tʃ/　/dʒ/　/dʒ/　　/dʒ/
/ʃ/ と /ʒ/	舌の前部分を上の歯茎の後ろの方に近づけて出す音。「シュ」「ジュ」の出だしの子音。 **EX.** shoes、machine、finish / measure、vision 　　　/ʃ/　　　/ʃ/　　　/ʃ/　　/ʒ/　　/ʒ/

Singing Tips
上手に歌うために！

/ts/ と /dz/　舌の先を上の歯茎に当てて発音。「ツ」「ヅ」の出だしの子音。
> **EX.** pizza、writes、carts / beds、roads、cards
> 　　　/ts/　　/ts/　　/ts/　　/dz/　　/dz/　　/dz/

/s/ と /z/　舌の先を上の歯茎に近づけて出す音。「ス」「ズ」の出だしの子音。
> **EX.** song、classical、house / zeal、rose、cars
> 　　　/s/　　/s/　　/s/　　/z/　　/z/　　/z/

歌詞の中でも発音記号の違いを確認し、歌うことで発音を区別できるようにしましょう。

Key Points

Chestnuts roasting on an open fire

Chestnuts の真ん中の /t/ の音は発音せず、「チェスナッツ」のように。on an open はひと続きに「オナノウプン」のように歌ってみましょう。fire の三重母音 /aɪə/ の /ɪ/ の音は、強調しすぎないように軽めに発音しましょう。

Help to make the season bright

下線部の強勢アクセントのある音節とその間の弱音節の連続が、英語らしい強弱のリズムを作っています。14 行目の To kids from one to ninety-two も同様です。bright の下線部の連続子音の間に、母音を挟まないよう心がけましょう。

Tiny little tots with their eyes all aglow

Tiny、tots の語頭の子音 /t/ は、勢いよく息を入れて発音しましょう。little は、難しければ「リル」「リドゥ」、または「リロ」「リド」のように歌ってみてください。their eyes と all aglow はそれぞれつなげて、/ðeəraɪz/「ゼアライズ」、/ɔːləɡloʊ/「オーラグロウ」のように。なお、their eyes と all aglow も連結すれば、「ゼアライゾーラグロウ」のような発音になります。

Song 11

Pronunciation Focus

この音をマスター！

母音編

He's loaded lots of toys and
　　　　　/lóʊdɪd | lə́ʊdɪd/　　　　　　/tɔɪz/
goodies on his sleigh

/ɔɪ/ も /oʊ | əʊ/ も二重母音です。最初の母音を強調するつもりで発音しましょう。/oʊ | əʊ/ は p.63 でも学びましたが、ここで復習しましょう。

/ɔɪ/ 　　/ɔɪ/ は、唇を丸めた /ɔ/「オ」に、短く軽く「イ」と「エ」の中間ぐらいの音の /ɪ/ を添えます。今までのものと同様、二重母音では前の母音はアクセントを置いて長めに、後の母音は短く軽く添えるつもりで発音しましょう。

/oʊ|əʊ/ 　　/oʊ/ の音は、唇を丸めた「オウ」のつもりで、前の母音にアクセントを置いて長めに、後の母音は「ウ」と「オ」の中間ぐらいの音で軽めに発音しましょう。英国発音 /əʊ/ では、前の母音があいまい母音の /ə/ になります。

/ɔɪ/ の音は、唇を丸めた /ɔ/ を長めに、/ɪ/ は短く軽く添える。
/oʊ/ の音は、唇を丸めて「オウ」と発音。「ウ」は軽く添える程度に。

応用例

joy /dʒɔɪ/（喜び）　**boy** /bɔɪ/（少年）　**voice** /vɔɪs/（声）

goal /goʊl|gəʊl/（ゴール）　**rose** /roʊz|rəʊz/（バラ）　**road** /roʊd|rəʊd/（道）

The boy's voice showed his joy.（その少年の声には喜びが表れていた）
　　　/ɔɪ/　　/ɔɪ/　　/oʊ|əʊ/　　/ɔɪ/

It is so cold today that I am going home from the dinner
　　　　　/oʊ|əʊ//oʊ|əʊ/　　　　　　　　/oʊ|əʊ//oʊ|əʊ/
show with my old coat on.
/oʊ|əʊ/　　　/oʊ|əʊ//oʊ|əʊ/
（今日はとても寒いので、古いコートを羽織ってディナーショーから帰宅します）

この音をマスター！ Pronunciation Focus

子音編

Chestnuts roasting on an open fire
　　/tʃésnʌts/
Jack Frost nipping at your nose
/dʒæk/
To kids from one to ninety-two
　　　　/kɪdz/

/tʃ/ と /dʒ/、/ts/ と /dz/ はそれぞれ無声音・有声音のペアになっています。/tʃ/ と /dʒ/ は舌を上の歯茎の後ろの方に、/ts/ と /dz/ は舌を上の歯茎に当てて、それぞれ舌を離す瞬間に出す音です。

/tʃ/
/dʒ/　/tʃ/ と /dʒ/ は、日本語の「チ」「ヂ」または「チュ」「ヂュ」の出だしの子音に相当します。ただし、最後に母音の「イ」「ウ」を入れずに発音しましょう。舌の先を上の歯茎の後ろの方に当てて発音しますが、少し唇を丸めると発音しやすくなります。

/ts/
/dz/　/ts/ と /dz/ は、日本語の「ツ」「ヅ」の出だしの子音に相当しますが、やはり母音の「ウ」を入れないよう注意しましょう。これらは舌を上の歯茎に当てて発音します。/ts/ と /dz/ は、ほとんどの場合、複数形や三単現の s などの発音として出現します。

/tʃ/ と /dʒ/ は、舌の先を上の歯茎の後ろの方に当てて発音。
/ts/ と /dz/ は、舌を上の歯茎に当てて発音。

応用例

choose /tʃuːz/（～を選ぶ）　**gentle** /dʒéntl/（温和な）
boots /buːts/（ブーツ）　**lights** /laɪts/（照明）
beads /biːdz/（ビーズ）　**minds** /maɪndz/（心）
a touching speech by the major jazz pianist
　　/tʃ/　　　　/tʃ/　　　　/dʒ/ /dʒ/
（その一流のジャズピアニストによる心に触れる演説）
He always beats time with his hands.（彼はいつも手で拍子を取る）
　　　　　　/ts/　　　　　　　　/dz/

Column　The Christmas Song と祈願文

　今回の課題曲 *The Christmas Song* は文字通りクリスマス・ソングの名曲として愛聴されていますが、作者メル・トーメ本人の録音の中に、曲の最後に次のような歌詞（*The Wassail Song* という祝歌から取ったもの）を付けたものがあります。

Love and joy come to you
And to you your Christmas too
And God bless you and send you a Happy New Year
And God send you a Happy New Year

　この部分の歌詞は祈願文と呼ばれる形式で書かれています。祈願文とは、「May＋主語＋動詞の原形」、または文頭の May を取った「主語＋動詞の原形」で始まり、「～しますように、～することを祈ります」という祈願や願望を表す文のことです。祈願文は感嘆文の1つと考えられますので、文の末尾には普通、感嘆符「！」が付きます。

(May) Love and joy come to you!（愛と喜びがあなたのもとにやってきますように）
(May) God bless you!（あなたに神様の祝福［ご加護］がありますように）
(May) God send you a Happy New Year!（神様があなたにすばらしい新年をお与えくださいますように［すばらしい新年を迎えられますように］）

　まるで、聞いている人に心からのメッセージを歌っているようですね。

　なお God bless you! は、Bless you! と短縮されることも多く、くしゃみをした人に向かって「お大事に」という意味でかける言葉としても有名ですね。これはくしゃみをすると魂が抜け出してしまうという迷信があり、魂が抜け出したり、またそのすきに悪霊が入ったりしないよう、魂をその人に戻してあげるために、周囲の人たちが言う習慣が定着したものとされています。

　このような祈願文は一般に文語的な表現で、口語ではその代わりに hope や wish を用いた表現が多く使われます。クリスマスに必ず使うフレーズで、その練習をしておきましょう。

May you have a Merry Christmas! → I wish you a Merry Christmas!
（楽しいクリスマスをお迎えくださいますように！［メリークリスマス！］）

Song 12

All the Things You Are

Music and Lyrics by Jerome Kern and Oscar Hammerstein II

作曲／ジェローム・カーン
作詞／オスカー・ハマースタイン2世
1939年

オール・ザ・シングズ・ユー・アー

B 46

　1939年のブロードウェイ・ミュージカル *Very Warm for May* の中の1曲。作曲者のジェローム・カーンと作詞者のオスカー・ハマースタイン2世はミュージカル *Show Boat*（ショー・ボート）などでも共作し、*Make Believe* や *Ol' Man River* などのスタンダード曲を残している。

　ジャズ・ミュージシャンに人気のある曲で、エラ・フィッツジェラルド、サラ・ヴォーン、スウィングル・シンガーズ、シンガーズ・アンリミテッドをはじめとするボーカルや、アート・テイタム、オスカー・ピーターソンらによるピアノ演奏など名盤も数多い。

Song 12

All the Things You Are

ALL THE THINGS YOU ARE
Words by Oscar Hammerstein II
Music by Jerome Kern
Copyright ©1939 by T.B. HARMS COMPANY/UNIVERSAL—POLYGRAM INTERNATIONAL PUBLISHING, INC.
All Rights Reserved. International Copyright Secured.
Print rights for Japan controlled by Shinko Music Entertainment Co., Ltd.

You are the promised kiss of springtime

That makes the lonely winter seem long

You are the breathless hush of evening

That trembles on the brink of a lovely song

5 You are the angel glow that lights a star

The dearest things I know are what you are

Someday my happy arms will hold you

And someday I'll know that moment divine

When all the things you are, are mine!

オール・ザ・シングズ・ユー・アー

作曲／ジェローム・カーン
作詞／オスカー・ハマースタイン2世
1939年

あなたは待ちわびた春のくちづけ

それはひとりぼっちの冬を長く感じさせる

あなたはそよ吹く風もない夕方の静けさ

それは美しい歌の端で震える

あなたは星を照らす天使の輝き

私の知る一番大切なものは今のあなた

いつか私の腕があなたをうれしく抱きしめることでしょう

そしていつかあのすばらしいときを知ることでしょう

そんなにもすばらしいあなたが私のものになるときを！

Words & Phrases

① **springtime**：春

② **makes the lonely winter seem long**：ひとりぼっちの冬を長く感じさせる
※ make は使役動詞で、「make + A（目的語）＋ 動詞の原形」の形で「A に〜させる」という意味を表す。
EX. What makes you think so?（何があなたにそう思わせるのですか［なぜそう思うのですか］？）

③ **breathless**：そよとの風もない、息もつけないほどの

③ **hush**：静けさ

④ **trembles**：震える

④ **brink**：端、縁

⑤ **glow**：輝き

⑤ **lights a star**：星を照らす
※この light は動詞で「〜を照らす、明るくする、点火する」という意味。

⑥ **what you are**：今のあなた
※ what A is で「現在の（状態の）A」という意味。時制を変えた what A was（昔の A）、what A will be（将来の A）などの形も使われる。
EX. I owe what I am today to my parents.（今日の私があるのは両親のおかげです［owe A to B：A についてはBのおかげだ］）

⑧ **divine**：神のような、とてもすばらしい

⑨ **all the things you are**：このようにすばらしいあなた
※ you の前の関係代名詞が省略された形。all the things とは、1、3、5 行目で You are 〜（あなたは〜だ）と「あなた」を 3 つのすばらしいもの（things）にたとえ、さらに 6 行目で「今のあなた」を The dearest things（最も大切なもの）と伝えていることをすべて受けた表現。「私にとって最愛のあなたは、このようなすばらしいものすべて（＝ all the things）」ということ。

Singing Tips
上 手 に 歌 う た め に ！

Song 12

B49

> You are the promised kiss of springtime ～
>
> When all the things you are, are mine!

実践編

発音ポイントに気をつけて丁寧に歌おう！

　今回は実践編ということで、*All the Things You Are* の歌詞全文に即して、実際に歌うときに特に注意すべき点を確認し、今までに身につけてきた発音のポイントを総復習しましょう。

◎ **You are**（1 行目ほか）は、「すばらしいあなた」に呼びかけるところなので、やさしく丁寧に歌いましょう。通常は弱形の **are** も、ここでは音符の長さに合わせ、また強調の意味も込めて、すべて強形の /ɑːr/ で歌います。

◎ /ə/ と /ɪ/ の音が歌詞の中にたくさん出てきますが、弱形の **of**（1、3、4 行目）も含めて、軽めに発音するようにしましょう。

◎ 2、4、5 行目に出てくる **that** を関係代名詞（主格）と解釈すると弱形 /ðət/ の発音に、指示代名詞（それは、あれは）と解釈すると強形 /ðæt/ の発音になります。なお、8 行目の **that** は指示代名詞で、/ðæt/ の発音です。

◎ **promised kiss** では、語がつながるところで閉鎖音が連続しますので、前の /t/ は脱落して音が消えます。

◎ **lonely**、**glow**、**know**、**hold**、**moment** では、二重母音 /oʊ|əʊ/ をきちんと発音しましょう。

◎ 5 行目の **the angel** の **the** は、次の音が母音で始まるため /ði/ の発音となります。

Singing Tips
上手に歌うために！

◎ **springtime**、**long**、**evening**、**brink**、**song**、**things** は鼻音の /ŋ/ です。「ング」に近いのですが、最後は決して「グ」とならないように。鼻にかかる鼻濁音で、聞こえるか聞こえないかくらいにごく軽く発音しましょう。

以上をふまえ、歌の内容や心が聞き手に伝わるように、丁寧に歌うことを心がけましょう。

Key Points

You are the promised kiss of springtime

promised kiss of springtime の下線部分の音節にアクセントを置いて英語の強弱リズムを意識してください。特に springtime は2音節（2拍）であることに注意しましょう（日本語の「スプリングタイム」のように8拍にならないように）。promised の末尾の子音 /t/ は脱落します。promised kiss の下線部の語頭閉鎖音（破裂音）は、どちらも意識的に息を入れましょう。

The dearest things I know are what you are / Someday my happy arms will hold you / When all the things you are, are mine!

what you、hold you、things you の下線部分はつながって音が変化し（同化）、それぞれ /tʃuː/、/dʒuː/、/ʒuː/ となることが多いのですが、ゆっくり丁寧に歌う時は同化させずそのまま /tjuː/、/djuː/、/zjuː/ としてもかまいません。

When all the things you are, are mine!

all の末尾の子音 /l/ は、暗い /l/ です。When all はつながって「ウェノーゥ」のようになります。the と things は th の /ð/ と /θ/ が続いて難しいかもしれませんが、ともに舌の先を上の前歯に当てて発音することを心がけましょう。

Song 12

この音をマスター！ Pronunciation Focus

母音編

🅱️50

You are the promised kiss of springtime
/juː/　/ɑːr|ɑː/　/ðə/　/prάmɪst|prɔ́mɪst/　/kɪs/　/əv/　/spríŋtàɪm/

That makes the lonely winter seem long
/ðət/　　/meɪks/　　/ðə/　/lóʊnli|ləʊnli/ /wíntər|wíntə/　/siːm/　/lɔːŋ, lɑŋ|lɒŋ/
/ðæt/

今回は、今までに出てきた母音の発音ポイントを思い出しながら、総復習のつもりで、課題曲 *All the Things You Are* に取り組みましょう。

今回の歌詞に出てくる母音の発音記号は以下の通りです。歌詞に出てきた順に並べてありますが、何度も繰り返し出てくるものもあります。歌ごと覚えて発音のポイントもマスターしてしまいましょう。

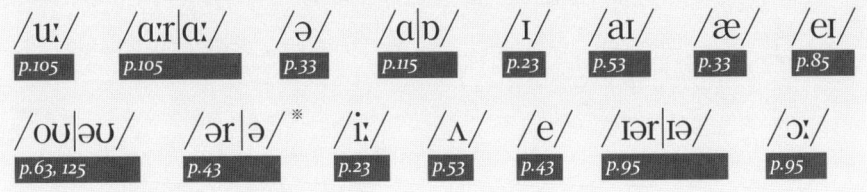

/uː/	/ɑːr|ɑː/	/ə/	/ɑ|ɒ/	/ɪ/	/aɪ/	/æ/	/eɪ/
p.105	p.105	p.33	p.115	p.23	p.53	p.33	p.85

/oʊ|əʊ/	/ər|ə/※	/iː/	/ʌ/	/e/	/ɪər|ɪə/	/ɔː/
p.63, 125	p.43	p.23	p.53	p.43	p.95	p.95

※ /əːr|əː/ と同様の音で、語末に現れます。

母音の 弱形

機能語には、強形と弱形の2種類の発音があります（p.21参照）。通常は弱形が用いられますが、歌では音符の長さの関係で、強形でも歌われる可能性があります。

the /ðə/, /ði/　**of** /əv/
that /ðət/（関係代名詞）　**a** /ə/

母音の 強形

強形は単独で強勢を持って発音される形で、強調したり対比したりするときに用いられます。

you /juː/　**are** /ɑːr|ɑː/
that /ðæt/（指示代名詞）

それぞれの母音について、
詳しく取り上げた箇所に戻って復習しておきましょう。

子音編

You are the promised kiss of springtime /
/prάmɪst | prɔ́mɪst/ /sprɪ́ŋtàɪm/
That trembles on the brink of a lovely song
/brɪŋk/

/pr/ は /p/ と /r/ とが、/br/ は /b/ と /r/ とが組み合わさった音です。/p/ と /r/ の間、/b/ と /r/ の間に「ウ」という母音を挟まないようにしましょう。また /spr/ は、子音が3つ並ぶ音です。これも /s/ と /p/ の間、/p/ と /r/ の間に母音の「ウ」を入れないことが大切です。

/pr/
/br/
/pr/ も /br/ も、それぞれ唇を閉じて /p/ や /b/ を破裂させる瞬間に次の /r/ を発音します。/pr/ は特に勢いよく息を伴うようにしましょう。いずれも日本語にはない音なので、/p/ と /r/ の間、/b/ と /r/ の間に母音「ウ」を挟んで「プロミス」「ブリンク」などとしないように注意しましょう。

/spr/
/spr/ は、語頭に子音が3つ並ぶ音です。/s/ と /p/ の間、/p/ と /r/ の間に母音「ウ」を入れて「スプリング」という発音にならないよう注意しましょう。

> /pr/ も /br/ も /spr/ も、個々の子音の間に母音を入れないように発音。
> /pr/ では**勢いよく息が伴う**ように。

応用例

pray /preɪ/（祈る）　**prince** /prɪns/（王子）　**bring** /brɪŋ/（〜をもたらす）
bride /braɪd/（花嫁）　**spread** /spred/（広がる）　**spring** /sprɪŋ/（春）

One day a prince brought his bride to his castle very proudly.
　　　　　/pr/　　　/br/　　　　/br/　　　　　　　　　　/pr/
（ある日、王子様が花嫁を意気揚々とお城に連れてきたのでした）

A gentle spring breeze sprang up and its refreshing smell
　　　　　/spr/　　/br/　　/spr/
spread all over the fields.
/spr/
（春のやさしいそよ風が起こり、そのすがすがしい香りが野原いっぱいに広がった）

Column 発音落ち穂拾い

　今回のコラムでは、今までに学んできた発音に関する重要ポイントのうち、詳しく取り上げられなかった点をいくつか補足します。

① 母音の長さ

　同じ母音であっても、母音の長さは、実は一様ではありません。
母音が短め：bet /bet/　cart /kɑːrt/　loose /luːs/　safe /seɪf/　seat /siːt/
母音が長め：bed /bed/　card /kɑːrd/　lose /luːz/　save /seɪv/　seed /siːd/
　上の例では、いずれも同じ母音の後に続く語末の子音は、上段が無声音、下段が有声音です。このような場合、母音の後が無声子音である場合の方が、その母音の長さが短くなり、母音の後が有声子音である場合の方が、その母音の長さが長くなります。なお car /kɑːr/ や say /seɪ/ や sea /siː/ のように母音で終わる場合も、card や save や seed などの語末が有声子音のときと同様母音は長めになります。

② 語尾の /i/

　me や funny、journey、happy などに見られる語末の強勢のない母音（語末の「イ」に当たる音）は、発音される場合に地域差や個人差が見られ、/iː/（p.23 参照）から、それを短めにした /i/、さらに /ɪ/（p.23 参照）の音まで、実際の発音に幅があります。そのようなバリエーションをまとめて /i/ という発音記号で表すことがあり、本書でも使用しています。

③ 二重母音の /ʊə/

　本書で取り上げていない発音として、二重母音の /ʊə/（sure、pure、tour などの母音）があります。この音は英語の母音の中では最も出現頻度の低いものとして知られ、代わりに /ɔː/ が使われることが多くなっています。

④ 米英で異なる注意すべき母音の発音 5 種

　最後に米国発音と英国発音とで響きが異なる母音を復習しましょう。米音と英音とで発音が異なる母音は、/əːr|əː/ および /ər|ə/（p.43）、/æ|ɑː/ と /oʊ|əʊ/（p.63）、/ɑːr|ɑː/（p.105）、/ɑ|ɒ/（p.115）の 5 種です。このうち work、color、heart などつづりに r が含まれる米国発音（/əːr/、/ər/、/ɑːr/）では、舌を丸めてそらすように発音し、/r/ の音を響かせます。

　なお、/ɑ|ɒ/ については、米国発音では /ɑ/ のほかにも、口を大きめに開け唇を丸めた /ɔː/「オー」という別の発音を併せ持っている語（dog、cross、song、long など）もあります。

MASTERPIECES
スタンダードジャズ
名盤・名演あれこれ
〔私的〕

気に入った歌や演奏があれば、
それがその人にとっての名盤になるのだと思います。
ここでは、日ごろから私自身が親しんでいる「私的名盤・名演」を
取り上げてみました。ジャズ以外の歌手によるものや、
インストゥルメンタル※も少しばかり挙げてあります。
ここで選んだ「名盤・名演」は、
もちろんどれも英語の発音習得にふさわしいものです。
皆さんも、お気に入りのアルバムや演奏を繰り返し聞いて、
本書で身につけた英語らしい発音に磨きをかけてくださいね。

※歌唱のない、楽器演奏のみによる楽曲。

Song 1
My Funny Valentine マイ・ファニー・バレンタイン

この曲の最も有名なバージョンの1つが、チェット・ベイカーによる歌唱です。トランペッターのチェット・ベイカーが、ラス・フリーマンのピアノ・トリオを伴奏に、女性の声にも聞こえるような中性的な声で歌っています。その少しけだるいような雰囲気は独特の静けさに満ちていて、彼のトランペット演奏にも共通するように思えます。インストゥルメンタルにも、ビル・エバンス＆ジム・ホール、ハンク・ジョーンズ、マイルス・デイビスのクインテットなどによる名盤がたくさんあります。

チェット・ベイカー『Chet Baker Sings』

Song 2
The Shadow of Your Smile ザ・シャドウ・オブ・ユア・スマイル

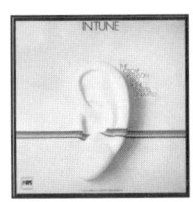

この曲はボサノバ・テイストに仕上げられることが多いのですが、オスカー・ピーターソン・トリオ＆シンガーズ・アンリミテッドによる演奏では、テンポのゆったりとしたきれいなハーモニーのコーラスを、ピアノトリオの伴奏が温かくサポートしています。トニー・ベネットやアン・バートンは、バースからじっくりと、バーブラ・ストライサンドはボサノバのリズムに乗せてしっとりと歌っています。ブラジルのボサノバ歌手アストラッド・ジルベルトや、トゥーツ・シールマンスのハーモニカ演奏のバージョンも素敵です。

オスカー・ピーターソン・トリオ＆シンガーズ・アンリミテッド『In Tune』

Song 3
Sentimental Journey センチメンタル・ジャーニー

何と言ってもドリス・デイ＆レス・ブラウン楽団の録音が有名ですね。ドリス・デイの出世作となったこの演奏は、そのハスキーな声と特徴あるビブラートとともに、日本でも親しまれてきました。同じくレス・ブラウン楽団をバックに、ポップス歌手のバリー・マニロウもこの曲を録音しています。ちなみにバリー・マニロウはどんな歌も丁寧に歌ってくれますので、彼のアルバムは米国発音を学ぶには格好の教材です。レノン・シスターズの演奏は、フルートのオブリガート（旋律的伴奏）とともに、懐かしく温かいコーラスで聞かせます。

ドリス・デイ『Complete Recordings with Les Brown』

Song 4
Fly Me to the Moon フライ・ミー・トゥー・ザ・ムーン

カウント・ベイシー楽団との共演でフランク・シナトラが歌うこの曲は、スイング感にあふれています。ナット・キング・コールのバージョンは、バース付きの丁寧な歌いぶりが魅力的です。常に歌詞をきちんと歌ってくれるナット・キング・コールも、米国発音のお手本にできます。ラテンやポップスの歌手としても有名なイーディ・ゴーメや、ハスキーな声でゆったりと静かに歌い上げるローラ・フィジーもこの曲をバース付きで歌っています。ボサノバのリズムが軽快なジュリー・ロンドンの歌唱や、自在でドラマチックなサラ・ヴォーンのライブ盤も有名です。

フランク・シナトラ、カウント・ベイシー『It Might As Well Be Swing』

Song 5
The Days of Wine and Roses 酒とバラの日々

エラ・フィッツジェラルドはこの曲を、ビッグバンドをバックに、浮き立つような明るい曲調で歌っています。サミー・デイビス・ジュニアは、ボサノバのリズムに乗せてやはり明るくまとめています。対照的にペギー・リーは、しっとりと静かに思いを込めて歌っていて、まるで耳元でささやきかけているかのようです。ポップス歌手のアンディ・ウィリアムスの録音や、作曲者ヘンリー・マンシーニによるオーケストラ＆コーラスのイージーリスニング・バージョンも有名ですね。なお、この曲の歌詞は、1文が長く、実は全体がわずか2文から成っています。

エラ・フィッツジェラルド『Things Ain't What They Used to Be』

Song 6
Stardust スターダスト

一般にバースは省略されることも多いのですが、*Stardust*はまるでバースとコーラスが一体化しているかのように、バースから歌われることが多い曲です。名盤とされるナット・キング・コールのアルバム*Love is the Thing*でも、ストリング・オーケストラの伴奏に乗せて、バースから丁寧に歌われます。ナット・キング・コールの娘のナタリー・コールも、父に勝るとも劣らない味わい深い歌唱を披露しています。ポップス歌手ですが、ビック・ダモンやバリー・マニロウの歌も情感に満ちていて、発音の練習にも適しています。

ナタリー・コール『Stardust』

Song 7
This Masquerade マスカレード

カーペンターズによる演奏は、彼ららしい軽快なアレンジで聞かせます。常に歌詞を丁寧に扱うカレン・カーペンターの歌も、米国発音を練習する際のお手本として適しています。セルジオ・メンデスは、ボサノバをベースにしたポップな仕上がりの演奏が印象的で、またジョージ・ベンソンの演奏は、歌詞の前後に入るスキャットとギターの二重奏が斬新です。もともとこの曲の作詞作曲はレオン・ラッセルですが、本人による演奏はかなり個性的で不思議な雰囲気を漂わせたものとなっています。

セルジオ・メンデス＆ブラジル'77『Vintage '74』

Song 8
Autumn Leaves 枯葉

多くの名盤・名演がある「枯葉」の中でも特に有名な、ナット・キング・コールの歌唱は、個々の発音とともに、音がつながって変化する「同化」を学ぶのにも最適です。この曲はバースから歌われることはそう多くありませんが、バーブラ・ストライサンドはシンプルなバイオリン伴奏をバックに、バースをフランス語で、コーラスを英語で歌っています。ナタリー・コールの歌唱、ビル・エバンスやキース・ジャレットのピアノ演奏、また、英詞ではありませんが、ソプラノ歌手のエリー・アメリンクによるフランス語バージョンなども名演です。

ナット・キング・コール『ベスト・オブ・ナット・キング・コール L.O.V.E.』

Song 9
Moon River　ムーン・リバー

この曲は、ポップス歌手のアンディ・ウィリアムスの歌唱になじんでいる方が多いのではないでしょうか。ゆったりと歌われることが多いこの曲ですが、サラ・ヴォーンは明るく楽しくおしゃれに、ナンシー・ウィルソンは軽快なサンバ調に仕上げていて、どちらも魅力的です。ピアノとストリング・オーケストラをバックに、しみじみと歌っているジェーン・モンハイトのバージョンは、発音練習のお手本としても好適です。なお、映画『ティファニーで朝食を』の中では、オードリー・ヘップバーンがこの曲を吹き替えなしで歌っています。

サラ・ヴォーン『Sarah Vaughan Sings the Mancini Songbook』

Song 10
When You Wish upon a Star　星に願いを

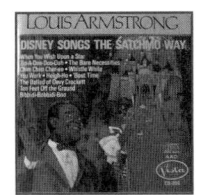

この曲はルイ・アームストロングの演奏が有名ですね。彼の歌声とトランペットは聞くたびに心を温かくしてくれます。ジューン・クリスティは、少しハスキーな声でバースからしっとりとやさしく歌い、また、ジュリー・アンドリュースは、まるで夢の世界にいざなうようにやさしく丁寧に歌っています。ジュリー・アンドリュースの発音は、英国発音のお手本としてとても参考になります。マンハッタン・トランスファーによるコーラス・バージョンや、デイブ・ブルーベック・カルテットによる演奏もいいですね。

ルイ・アームストロング『Disney Songs the Satchmo Way』

Song 11
The Christmas Song　ザ・クリスマスソング

その滑らかな歌い方から「ベルベットの霧」とも呼ばれた、作者メル・トーメ自身の歌唱には、バースを付けたり、最後に歌詞以外の一節を加えたり、その両方を入れて歌ったりと、いろいろなバージョンがあり、どれもがジャズテイストのクリスマス曲として楽しめます。ナット・キング・コールによるものも定番として有名ですね。彼は最初の録音で、歌詞中のreindeerをreindeersにして歌ってしまい、後で録音し直したそうです。マンハッタン・トランスファー＆トニー・ベネットの録音や、カーペンターズによるバース付きの演奏もお薦めです。

メル・トーメ『Christmas Songs』

Song 12
All the Things You Are　オール・ザ・シングズ・ユー・アー

エラ・フィッツジェラルドは、この曲の愛にあふれた歌詞を味わい深く歌っています。ブロードウェイで活躍するノーム・ルイスとオードラ・マクドナルドは、ミュージカル仕立ての二重唱で力強く感動的に歌い上げていきます。アカペラで歌われるザ・スウィングル・シンガーズやシンガーズ・アンリミテッドのコーラス・バージョンも、それぞれ特色のある編曲と美しいハーモニーがとても素敵です。ほかに、クラシックのソプラノ歌手であるキリ・テ・カナワやジェシー・ノーマンも、気品に満ちた演奏を聞かせています。

ザ・スウィングル・シンガーズ『Mood Swings』

レッスン記録表
LESSON RECORDING CHART

各曲を歌いこなすための練習の軌跡が確認できる一覧表です。「1回目」～「3回目」の欄には練習した日付を、そのほかの欄には100点満点での自己採点やコメントなどを記入しましょう。

		1 お手本の歌を聞き込む！			2 歌詞の朗読をリピート！		
		1回目	2回目	3回目	1回目	2回目	3回目
Song 1	My Funny Valentine マイ・ファニー・バレンタイン	/	/	/	/	/	/
Song 2	The Shadow of Your Smile ザ・シャドウ・オブ・ユア・スマイル	/	/	/	/	/	/
Song 3	Sentimental Journey センチメンタル・ジャーニー	/	/	/	/	/	/
Song 4	Fly Me to the Moon フライ・ミー・トゥー・ザ・ムーン	/	/	/	/	/	/
Song 5	The Days of Wine and Roses 酒とバラの日々	/	/	/	/	/	/
Song 6	Stardust スターダスト	/	/	/	/	/	/
Song 7	This Masquerade マスカレード	/	/	/	/	/	/
Song 8	Autumn Leaves 枯葉	/	/	/	/	/	/
Song 9	Moon River ムーン・リバー	/	/	/	/	/	/
Song 10	When You Wish upon a Star 星に願いを	/	/	/	/	/	/
Song 11	The Christmas Song ザ・クリスマスソング	/	/	/	/	/	/
Song 12	All the Things You Are オール・ザ・シングズ・ユー・アー	/	/	/	/	/	/

※上達度に応じ、**1**ではお手本に合わせて歌ってみる、**2**や**3**では歌詞を見ずに音声だけで挑戦する、などの練習も取り入れるとよいでしょう。

3 カラオケに挑戦！

MEMO（注意点、自己評価コメントなど）

1回目	自己採点	2回目	自己採点	3回目	自己採点
/	/100	/	/100	/	/100
/	/100	/	/100	/	/100
/	/100	/	/100	/	/100
/	/100	/	/100	/	/100
/	/100	/	/100	/	/100
/	/100	/	/100	/	/100
/	/100	/	/100	/	/100
/	/100	/	/100	/	/100
/	/100	/	/100	/	/100
/	/100	/	/100	/	/100
/	/100	/	/100	/	/100
/	/100	/	/100	/	/100

LET'S SING JAZZ STANDARDS IN ENGLISH

12の名曲で英語らしい発音をマスター
英語で歌おう！
スタンダード・ジャズ

発行日　2013年3月15日(初版)

著者： 里井 久輝
編集： 株式会社 アルク　英語出版編集部
元番組制作： 株式会社 NHKエデュケーショナル
番組テキスト制作： 株式会社 NHK出版
協力： NHK
英文校正： Peter Branscombe、Owen Schaefer
デザイン： 岡 優太郎(synchro design tokyo)
イラスト： 平田 利之
ナレーション： 里井 久輝、Shelley Sweeney
歌： 青木 カレン
ピアノ演奏： 若井 優也
CD制作・プレス： 財団法人 NHKサービスセンター
DTP： 株式会社 秀文社
印刷・製本： 図書印刷株式会社

発行者： 平本 照麿
発行所： 株式会社 アルク
〒168-8611　東京都杉並区永福2-54-12
TEL：03-3327-1101　FAX：03-3327-1300
E-mail：csss@alc.co.jp
Website：http://www.alc.co.jp

©2013 Hisaki Satoi / Toshiyuki Hirata / NHK Service Center / ALC Press Inc.
JASRAC 出 1302082-301
Printed in Japan
PC：7013034　ISBN：978-4-7574-2267-4
○落丁本、乱丁本は、弊社にてお取り替えいたしております。弊社カスタマーサービス部
(電話：03-3327-1101　受付時間：平日9時〜17時)までご相談ください。
○本書の全部または一部の無断複写を禁じます。著作権法上で認められた場合を除いて、
本書からのコピーを禁じます。
○定価はカバーに表示してあります。

地球人ネットワークを創る
アルクのシンボル
「地球人マーク」です。